亲爱的读者们：

很多年以前，我为自己的孩子们写下了这个故事。现在，孩子们都长大了，但那些与金钱打交道的原则仍然有效，大部分仍然适用于当今时代。即使市场大环境发生改变，理解利息和复利也非常重要。当利息降到零，我们的投资回报甚至会更丰厚。你要知道：唯一不变的就是变化。

希望这个故事能给你带来快乐，祝愿你的钱包与心灵同样丰盈。

致以诚挚的问候

博多 · 舍费尔

小狗钱钱

出版20周年
珍藏纪念版

[德] 博多·舍费尔 / 著　文燚 / 译

中信出版集团 | 北京

图书在版编目（CIP）数据

小狗钱钱 /（德）博多·舍费尔著；文燚译 . -- 北京：中信出版社，2021.2 （2024.10重印）
ISBN 978-7-5217-2647-3

Ⅰ . ①小… Ⅱ . ①博… ②文… Ⅲ . ①财务管理—少儿读物 Ⅳ . ① TS976.15-49

中国版本图书馆 CIP 数据核字 (2020) 第 259890 号

小狗钱钱

著　　者：［德］博多·舍费尔
译　　者：文燚
出版发行：中信出版集团股份有限公司
（北京市朝阳区东三环北路 27 号嘉铭中心　邮编　100020）
承 印 者：嘉业印刷（天津）有限公司

开　　本：880mm × 1230mm　1/32　　印　　张：7.5　　字　　数：149千字
版　　次：2021年2月第1版　　印　　次：2024年10月第33次印刷
京权图字：01－2020－7700
书　　号：ISBN 978－7－5217－2647－3
定　　价：39.80元

出　　品：中信儿童书店
图书策划：如果童书
策划编辑：安虹　　责任编辑：陈晓丹　　营销编辑：张远　邝青青
封面设计：姜婷　　内文排版：佳佳

服务热线：400－600－8099
投稿邮箱：author@citicpub.com

目录

前　言

很少有人不想变得更富有，只是有些人的这个愿望来得更清晰明确，而有些人觉得目前的生活已经足够富足了，归根结底，大部分人还是希望过得更幸福、更成功——也更有钱。这个愿望无可厚非。追求生活无忧本就是我们与生俱来的权利。有了足够的金钱，我们能更有尊严地生活，更好地对待自己和他人。认为我们必须忍受拮据的生活，甚至标榜这种生活更“高尚”，是人类犯过的最严重的错误之一。

纠正错误

可惜，大多数人正在忍受着这样的生活。对他们而言，梦想与现实有着天壤之别，而且他们觉得这真是再正常不过了。为了给这样的错误画上句号，我写下了《财务自由之路》一书，在书中，我详细论述了通往致富之路的每一个步骤，指引大家如何（在 7 年之内）赚到第一个 100 万。

为什么讲故事？

《小狗钱钱》是一本故事书，故事中不但运用了《财务自由之路》中论述的方法，尤为不同的是，还展现了践行这些方法时可能遇到的挑战，以及最后可能会有哪些不可思议的收获。

钱钱是一只会说话的宠物狗，它教会一个12岁的小女孩怎样和钱打交道。小女孩不但学会了打理自己的财务，还帮助爸爸妈妈摆脱了债务危机。

我之所以写这样一个故事，是想借此触达大家的心灵，让大家敞开心扉，接纳生活为我们准备的丰富馈赠——金钱就是其中之一。

这个故事能为你带来什么呢？如果你已经读过《财务自由之路》，那么这个故事将加深你的理解，可能会让你做出新的打算或者更新已有的计划。更重要的是，你能获得新的认知和新的视角，从而更具创造性地成功应对生活中的种种挑战。

如果你没有读过《财务自由之路》，那么这个故事将让你重新审视自身的可能性。故事中人物的经历将给你灵感和启发，你会满怀激动地重新发现自己所拥有的自由、潜力和力量。

没有完美的故事

不过，我得承认，我常常怀疑这类故事的价值，担心会有人试图模仿书中的成功故事，而不是努力挖掘隐藏其中的成功原则。成功的故事往往很难复制，但一旦理解和吸收了故事中暗含的道理和法则，就能帮助我们在困境中找到最佳出路。同样地，我担心读者会更倾向于羡慕、模仿作者本人，而不是将书中古老的真理化为己用。个人化的经验很难效仿，但最基本的真理却能被普遍运用。

我也担心，这种讲故事的形式可能缺乏深度，但我的书并非写给那些金融专家，哪怕他们曾多次找我指点迷津。我希望打动的，是无数个真实而普通的读者：有的人可能抵触这个话题，迟迟不敢创造自己的富裕生活；有的人可能终日忙忙碌碌，不得不一再推迟理财计划；有的人可能或多或少反感财务话题；还有的人可能仅仅需要一点提醒和点拨，就能获得理财的动力。

此外，那些复杂的投资模型常常会将人引入歧途。在当今这个高科技时代，仿佛只有追求难以理解的东西才是正确的，我们已经习惯将那些简单的、基础性的真理弃置一旁。大家常常挂在嘴边的话是："不可能这么简单。"但正如这本书中所写，实际上就是"这么简单"。不过，这里要提醒你注意区分：其实做起来并不简单。获得财富的法则很容易理解，实际操作却很不容易，常常要在别人的帮助下进行。这本书中也详述了这方面的帮助。

这本书原本是想写给孩子们，所以我采取了讲故事的形式。我希望通过这种形式，让孩子们游戏般轻松愉快地走向财富和成功，而这正是许多家庭惯常回避的话题。

意料之外……

这本书出版后，我收到了成百上千封成年读者的来信。信的内容大同小异，比如："这个故事唤起我的情感共鸣，让我更有力量去行动。""我非常感动。""我第一次找到了打开金钱之门的钥匙。""我终于懂得了要怎样才能创造财富。"这些反馈让我意识到，我的预想是错误的。原来，打动人心的故事所传达的图景胜过千言万语。所以，这本书是写给小朋友们的，也是写给大朋友们的。

故事带来距离感

作为成年人，阅读一个小女孩的故事是非常愉悦的。不管我们如何沉浸其中，故事本身都会与我们的生活保持一定的距离，毕竟对于我们大人，小女孩吉娅遇到的困难已经变得遥远，她的烦恼也不会像我们自己的烦恼那样让人感到困扰。也正因为如此，这个故事读起来轻快放松，并不那么严肃；想到我们早已跨过人生路上那么多的关卡和障碍，我们还可能会心一笑呢。那么，我们能否从中总结出经验教训呢？如果我们把自己的人生——哪怕只是暂时地——也看作一个故事，如果我们设想自己已经非常富裕，正在回望自己“财务上的童年”，又会如何呢？这样一来，我们就会与眼下自己的真实处境拉开距离，像阅读一本故事书一样审视它：在这个“故事”中充满着各种典型的问题，而我们早就把这些问题抛在身后。我们可能会释然笑笑，不再把自己和自己的问题看得那么严肃，进而意识到，我们也绝不会永远受困于某一种境况之中。这就是故事的妙用。

明确方向比以往任何时候都更重要

但这不只是一个简单的故事，它讲述的更多的是《财务自由之路》中介绍的成功法则，一些关于成功的普遍而永恒的公理。

所谓“普遍”，是指放之四海而皆准，适用于任何社会、文化与具体的场景；所谓“永恒”，是指永远不会发生改变。考虑到现在的社会节奏越来越快、变化越来越剧烈，这两点就显得尤为重要。当一切都变得更加复杂、更加嘈杂，当商品在以令人目不暇接的速度更新换代，学会明确方向就显得至关重要——普遍而永恒的法则就能指明方向。在我的理解中，能被称为公理的法则没有任何的讨论余地。

古老的固有的法则

也许上面的话听起来有点自负，我会继续补充解释两点：第一，这些法则不是我发明出来的，它们和自然法则一样，从古到今始终存在着。不管我们是否愿意，它们都在制约着我们的生活；不管我们是否反对，它们都依然是有效的。我只是将那些关于财富与成功的法则用我自己的语言整理和表述了出来。

第二，我坚信，所有成功人士都在依照这样的法则生活着。经常有记者或节目主持人问我能否证明这些法则的有效性，而我总会举出那些读过我的书或听过我讲座的人为例。但是，我相信你自己会找到最有力的证明，只要你听从我的这个建议：先选定一位成功的人士，一个成功的团队、组织或公司，找到他们的相似之处，然后尽可能细致地分析他们走过的道路，就会得到你想要的范例和证明。

你的分析对象们是否能准确说出某些成功的法则并不重要，有的人可能还会讨厌我所使用的语言——这完全合情合理。批评是常有的事，作家的作品就是供人评说的。有些人可能无法被书中的故事触动，也有可能他们针对同一个法则，想到了截然不同的例证，或者他们更看重别的东西。所有这些都没有关系，我甚至举手欢迎，因为这体现了他们与我不同的生活轨迹与个性特点。尽管如此，他们的人生道路依然是那些普遍而永恒的法则的明证。

有用且必要的知识

这本书会伴随你走向富裕和成功，但它不是那种从金钱的历史开始侃侃而谈的财经类读物。不可否认，这类知识当然也有其用处，但并不能帮助我们迈向富裕和幸福。在这本书中，我只关注那些必要的知识，关注我身体力行地在迈向富裕的道路上所走过的每一步。

简单中隐藏着危险

复杂化的阐释有着模糊本质问题的倾向，描述最基本的真理也同样会带来风险。我们常常会过于快速地得出结论："这个我早就知道了。"重新想起一星半点的关键词仿佛就足够了。这种思维方式是一个陷阱，因为当我们认为某种事物耳熟能详时，就很有可能停止学习，将真正的信息和知识拒之门外——我们觉得自己早就已经知道了。

此外，问题的关键不仅在于学习新的知识，更在于将已经学会的知识付诸实践。

财富的法则

故事中的吉娅在学习与金钱打交道的过程中，逐渐认识到了关于财富的诸多法则。下面，我将其中最重要的一些问题列出来，串联成理解全书的线索——金钱的基本法则。当你在故事中再次发现这些法则时，你会有更加深刻的印象，也会更加迅速地行动起来：

1. 首先，要确定金钱对你意味着什么。

2. 明确你最重要的目标，也就是说，即使你有一个长长的"愿望清单"，也要从中挑选出最重要的那几个。

3. 梦想储蓄罐和梦想相册为什么很重要？如何让潜意识为我们提供支持，而我们又必须提前做好哪些功课？

4. 为什么更高的收入从来都不是解决财务问题的办法？

5. 如何才能永不退缩地坚持自己的梦想与计划？想象的艺术（视觉化练习）。

6. 困难常常发生。总会有人阻挠我们实现既定的目标，他们往往还是我们的朋友和家人。但有一些简单的方法和途径可以使我们免于被误导。

7. 为什么成功日记会让我们的收入步步攀升？为何自信会带来颠覆性的影响？

8. 怎样将最大的爱好变成职业，进而大大改善收入状况？

9. 区分重要性与紧急性。无论顺境还是逆境，都不能放弃我们的美好愿望与计划。

10. 贯彻实施的关键：72 小时法则。

11. 如何挣到很多钱——以游戏般轻松愉快的方式。

12. 摆脱债务最重要的四条原则。

13. “鹅与金蛋”的故事——如何用钱生钱？

14. 如何正确高效地与银行打交道并乐在其中？

15. 幸福的本质是什么？我们如何才能获得更多的幸福？

16. 喜欢钱有什么不对吗？安全保存现金都有什么诀窍？

17. 金钱是“中性”的，是什么意思？金钱与幸福之间有什么关系？

18. 为什么将我们所得的一部分用于馈赠是重要的？

19. 应对恐惧的最好办法是什么？成功日记能对此起到什么作用？

20. 让我们的财富增值的最好方式之一：成立投资俱乐部。保证投资成功的五大准则。

21. 怎么才能魔法般地从无到有创造金钱？

22. 最重要的三大投资法则。

23. 什么是股票？股票如何运作？利润（价格收益和股息红利）如何产生？你是否适合股票投资？你将很快掌握其中诀窍。

24. 为什么时不时地走出舒适区，去做一些以前感觉恐惧的事情，对我们很重要？

25. 如何获得 8% ~ 10%的年收益率？什么是最佳投资形式和最佳投资策略？

26. 为什么股票基金非常安全并能获得可观的利润？筛选出靠谱基金的三个标准。

27. 投资基金为什么很简单？

28. 通过投资基金，你的钱会如何实现增长——复利

（利滚利）的力量。

29. 波动率：如何平衡风险和盈利？

30. 如何快速计算利息和复利？

31. 如果股票价格下跌该怎么办？如何在这种情况下赚取高额收益？

32. 想要通过投资基金获得可靠的高收益，都需要了解什么？

33. 通货膨胀的真正含义是什么？如何快速计算出它对你的财富的影响？如何使通货膨胀成为你最好的朋友——只要你选择了正确的投资方式。

34. 金钱如何影响我们的生活的其他方面？当我们越来越深入地理解金钱，最终会有什么收获？

惊喜将会到来

一个创意就足以带你迈向富裕的生活。但是，这里要提醒你注意一个令人惊讶的事实，或者说，给你一个“预警”：一旦“大钱”涌来，就可能来得无比迅速，金额也大得让你吃惊——难道它们以前只是悄悄藏起来了？

这种现象非同一般，完完全全驳斥了一种普遍的错误观点，即人们只能通过多年的努力工作才能获得财富。恰恰相反，财富更应该是某种心态，某种以财富为导向的信仰的产物。一旦这些前提条件得以满足，财富积累将比大部分人设想的容易得多。

忽视就是向生活投降

大多数人都不够关注自己的财务状况。在这方面，他们就像一个三岁小孩，玩着掩耳盗铃的游戏。但财务问题始终就在那里，如果我们不去关注它，那么金钱就会成为我们生活中特别消极负面的力量，大大降低我们的生活质量。不理会金钱，就是在放弃成为自己想成为的那个人。当然，追问我们自己到底想要什么样的人生，这需要勇气，但如今每个人都有机会实现财务上的自由。塞内卡说："不是因为困难重重，所以我们心生畏惧，而是因为我们心生畏惧，所以事情变得困难重重。"

没有什么能够阻挡你

一旦你真正领会了金钱的基本法则，就会发现你的财务状况在持续改善。一念既成，就没有什么能够阻挡这个念头了。每个人的生活都是如此。什么都不能阻挡你享有与生俱来的权利：富裕。过上富有尊严的、财务自由的生活，是我们天然又自然的需求。没有你的允许，任何事物都阻挡不了你。为什么？因为时机已到。就是现在。

我为什么知道这些？我写完这本书已经过去了好多年，在此期间，发生了很多事情：

这本书得以在许多国家出版，销量突破了 500 万册，成为世界上最成功的写给孩子的金融读物。在亚洲，它被改编成音乐剧全年演出，每天的观众超过 2000 名。它还被改编成了系列连环画。

最重要的是，我收到了无数孩子的来信，他们告诉我在读完《小狗钱钱》之后所发生的改变，这些信中有许多感人的故事，我对此深表感激。

许多来信的“成年的孩子”也是如此。他们都说，《小狗钱钱》是最好的关于金钱和金融的入门书。

人生是一段旅程。如果我们驯服了金钱，就能赋予人生更多的可能性，让我们的旅程朝着从未设想过的新方向前进。

吉娅就是最好的例子。一开始，她不知道自己的梦想是什么，也不相信自己能够实现它们。当然，她陆续经历了一些困难，但当她以比设想的快得多的速度实现了这些梦想时，她只是觉得事情本该如此。最后，她体验了原本无从想象的精彩人生。

这就是我对你的祝愿：祝你抓住并实现你的梦想。你将在人生旅途上收获一个个惊喜与发现，它们的精彩程度要远远超过你的梦想本身。

现在，是时候开始这个故事了。这是一个关于小狗钱钱、吉娅和金钱的基本法则的故事……

致以诚挚的祝愿

你的

博多·舍费尔

第一章

一只白色的拉布拉多犬

很久很久以前，我就梦想能养一只小狗，但我家住在租来的公寓里，房东禁止养狗。爸爸曾试着找他商量，可惜无济于事——有什么办法呢，有些人就是没法商量。房东声称,楼里其他的租户都不喜欢狗。这完全是胡说八道！我认识住在三楼和四楼的人家，他们也很想养狗。无非是房东自己不喜欢罢了。

爸爸曾说：“问题其实不在于狗，他只是不喜欢自己，就也不想让别人快乐。”于是我又好好观察了这位房东一番：他看起来真是既刻薄又暴躁。有一次，妈妈忍不住又和他提起养狗的事，他竟然直接寄来了一封挂号信，威胁要解除租约！

直到今天，我也认为没有谁有权禁止他人养狗。哪怕是为养小宠物着想，也值得买下自己的房子呀！

后来，爸爸妈妈真的买下了一栋带花园的房子。这下我有了自己的房间，日子过得真像在天堂里一样。爸爸妈妈却愁眉苦脸的，因为买房的实际花费大大超出了预期。从他们的交谈中，我自然也听出家里的日子有些捉襟见肘，就决定先暂时将愿望闷在肚子里几个星期，不说出来。可我真的太渴望拥有一只属于自己的小狗了！

一天早上，妈妈激动地把我叫醒："吉娅，快起床，楼下有一只狗受伤了，就躺在我们家门口。"我噌地从床上跳起来，冲了出去。天哪，在房子和车库之间的角落里，真的躺着一只白色的小狗！它睡得很沉，呼吸很不安稳。

在它后背上，后腿的上方，有一道大约六厘米长的伤口，上面血迹斑斑。它像是被别的狗咬伤了，一点点拖着身体才爬到我们这里，最后筋疲力尽地睡了过去。我眼眶都红了，不禁犯起了嘀咕："到底是哪个坏蛋干的，怎么忍心咬伤这么漂亮的小狗呢？"话音刚落，它突然间醒了，瞪大了眼睛看着我，然后朝我走了几步。可它太虚弱了，走得晃晃悠悠的，没几步就在光滑的石头上滑倒了，扑通一声摔到地上。我赶紧把它搂进怀里。

我们小心翼翼地把它抱进车里，带着去看医生。医生把它身上大大的伤口缝合好，又给它打了针。它慢慢放松下来，睡着了。医生说，它的确是被咬伤的，不过很快就会好起来。他还告诉我们，这是一只拉布拉多猎犬，这种狗极其温顺又聪明，对小朋友也特别友好。因此，它们被认为是最棒的导盲犬。我一边听医生说着，一边抚摸着这只白色的小狗。它的毛可真柔软呀！它真可爱呀！

我们把它带回了家，一路上它都在呼呼大睡。我小心翼翼地把它放在厨房里的一块垫子上，目不转睛地看着它，心里暗自祈祷："快快好起来呀。"

我的担心是多余的，这只白色的小狗恢复得非常迅速。这个时候，我又想到了一个严肃的问题：我们根本不知道它是从哪儿来的，它的主人又是谁，可以就这样把它留在家里吗？一想到这里，我就紧张得浑身发软——要是爸爸妈妈不同意留下它怎么办？毕竟，我们如今日子过得紧紧巴巴。

我们当然得去寻找它的主人，但我暗暗希望永远都不要找到。爸爸先是刊登了一则广告，还给附近的动物收容所打了电话，但没人认识这只白色的拉布拉多犬。它在我家里待的日子越长，就越受爸爸妈妈的喜爱，不知不觉间，就好像我们才是它真正的主人。

狗狗的伤已经全好了。有一天，我和它一块儿玩，直到累得跑不动了，才坐下来吃早餐。这会儿，爸爸妈妈又在为钱的事喋喋不休，我宁愿装作听不见。因为我根本不懂他们在说什么，而且每次只要一谈钱，一家人全是一副愁眉苦脸的模样。

趁他们停下的空当，我把话题引向了一个更重要的问题："这只狗到底叫什么呢？"这时，我们才突然意识到，我们对它的名字一无所知。

我觉得这实在是太糟糕了，小狗肯定得有个名字啊。离我三米远的垫子上，这个小毛团儿睡得正香哩。我怔怔地盯着它，绞尽脑汁地想呀想，半天也没想出一个合适的名字来……

这时候，爸爸妈妈又回到了钱的话题上。突然，爸爸大声地感叹道："钱、钱、钱……一切都离不开钱哪！"这时，那只拉布拉多犬竟应声从睡梦中惊醒，凑到了爸爸的身边。"钱！"我叫道，"它对'钱'字有反应！"这话一出口，它又马上朝我凑过来。

"它就应该叫'钱钱'，这可是它自己选中的名字！"我说。可妈妈不为所动："钱就是钞票，一只狗怎么可以叫'钞票’呢？”爸爸倒来了兴致：“我觉得挺好。我们一喊出‘钱’，‘钱’就来到了我们身边，这样的话麻烦事不都跑没影了嘛。”但爸爸怎么也不会想到，他当初的一句玩笑话后来竟然成了真……我们就决定叫这只拉布拉多犬“钱钱”。

六个星期过去了，我们依然不知道钱钱是从哪儿来的。我也根本不想知道。万一找到它以前的主人，说不定就得送它回去了。真想让它一直陪着我们呀！再说，爸爸妈妈也习惯家里有这么一只狗了。

钱钱就这样在我们家里住了下来。但我心里总有一种忧虑挥之不去，害怕有一天它的主人会突然出现，把它带走……说到这里，我想大家已经猜到了，是的，我和钱钱已经成了最好的朋友。

不知不觉，钱钱来到我家已经半年了。它真是一只无比可爱的小狗，温顺又聪明。它眼睛里闪烁着智慧的光芒，这光芒我可从没在别的小狗身上见到过。有时，我甚至很肯定，它能听懂我说的话。

拉布拉多犬喜欢游泳，但我觉得钱钱是最喜欢玩水的那一个。它从不放过任何在小溪或湖泊中嬉闹的机会。我多想带它去畅游大海呀，在平坦的沙滩上奔跑、在起伏的海浪中游戏。爸爸妈妈却说，这事想都不要想，爸爸的生意不太好，现在我们根本没钱去海边度假。

每到星期天，我们一家会去一条穿城而过的大河边散步，大河很宽阔，宽阔得有点儿像大海。河水流经桥下的时候，尤为湍急凶险。

一个星期天，也不知道钱钱是怎么了，一大早起来就格外兴奋。我们照常散步时，它突然跑丢了。我们大声叫着它的名字，可它就是不见踪影。正心急如焚时，一只在急流中拼命挣扎的小狗进入了我的视线。直到今天，我也没弄明白它是怎么掉下去的，因为它很清楚，我们是绝不允许它跳到河里玩儿的。水流非常湍急，钱钱奋力划动四肢，向着桥边游去。两个桥墩之间有人拉起了一张网，钱钱就被困在了网当中。河水一次次没过了它的头，它沉在水下的时间越来越长，眼看着就要喘不过气了！

我必须救钱钱，不能眼睁睁看着它淹死！我顾不上自己的安危，也没时间细想，就一头扎进水里。我一定要救钱钱！河水迅速淹没了我，直灌进我嗓子眼儿。我呛了水，一下子慌了神。水又脏又冷，到处都是，我只觉得天旋地转，眼前的世界忽然一片漆黑。后来发生了什么，我完全不记得了。

后来，爸爸妈妈告诉我，当时我和钱钱都困在了那张网里。幸好一艘水警的救生艇就在附近……据说我在失去意识之前，紧紧地抱住了钱钱。无论如何，我和钱钱都得救了。

不知道他们是如何唤醒我的。谢天谢地，我没有大碍，在医院待几个小时就可以回家了。不过，我还是很虚弱，不得不卧床休息了好几天。

钱钱比我恢复得快多了，它守在我的床边，寸步不离。它一连几个小时地坐在我面前,静静看着我。那眼神告诉我，它明白所发生的一切。

很多人不知道，小狗会用目光表达感激之情。钱钱就这样长时间地、充满感激地看着我，而当时我还无法预知，接下来会发生什么……

不久以后，我满 12 岁了，一切还是老样子，我们依然没有钱去海边度假。爸爸妈妈依然深陷“经济衰退”的泥潭——这是他们自己的说法，意思是说我家的财务状况不好，是因为整个国家的经济形势都不好。我真不明白，既然整体经济形势这么糟糕，为什么我朋友莫妮卡的家里却越来越有钱呢？我说出了心里的大问号，爸爸妈妈听了十分生气，根本不搭理我。接下来的好几个月里，爸爸的销售业绩持续低迷，家里的气氛也是一片愁云惨雾。妈妈总是时不时地抱怨说，不该买下这栋房子。我觉得她这样想纯粹是浪费时间，因为没有人能改变过去。再说，如果没有买下房子，我也就不能留下钱钱了。我还是很庆幸最终能买下这栋房子。

有一天，神奇的事情发生了。当时，我在电视广告上看到了一个电话号码，打过去就可以订购我最喜欢的乐队的新唱片。

我坐在电话机旁，开始拨号。突然，一个声音对我说："吉娅，你应该先好好想想，你是不是真能买得起这张唱片。"

我吓了一大跳，连忙搁下话筒，扭头看看四周。门是关着的，房间里只有我一个人，也就是说，房间里没有别的人——当然，还有钱钱陪着我。也许是我出现幻觉了……过了一会儿，我又拿起听筒，重新开始拨号。突然，那个声音又响了起来："吉娅，你要是买下这张唱片，这个月的零用钱就会花个精光。"

钱钱正蹲在我面前，微微歪着脑袋。咦，声音好像是从它那儿发出来的。这怎么可能？！我又激动又害怕，心里暗想："狗是不会说话的，即使是钱钱这样聪明的小狗也不可能会说话。"

钱钱看着我："很久很久以前，所有的狗都会说话——

只是和人类说话的方式不一样。后来，这项能力慢慢退化了。不过，我仍然有说话的本领。”

我曾经在电影里看到过一头会说话的骆驼，但我想那只是电影罢了。现在我不是在电影里，而是在现实中。突然，我转念一想，也许我是在做梦，便赶紧掐了掐自己的胳膊——哎呀，真疼！原来不是在做梦啊。

钱钱一直看着我，我又听到了那个声音：“冷静下来了吗？我们可以聊聊吗？还是你要继续大惊小怪，继续掐自己呢？”

不知道为什么，刹那间，我觉得听到钱钱说话是那么正常而合理，就好像我们已经这样交谈了好多年。只有一点我觉得奇怪：钱钱说话时，嘴巴一动也不动。

“我们小狗说话的本领可比你们人类高超多了。我们想告诉对方什么，就把想法直接送进对方的脑子里。”钱钱说，“所以，我也能知道你脑子里的想法。”

我可真是惊讶极了，连忙问它：“你是说，你能读出我所有的想法？”我一边说着，一边赶紧回忆自己都想过些什么……

钱钱打断了我的思绪：“我当然知道你在想什么。两个生物彼此靠近时，总能或多或少地明白对方心中所想。我知道，你总是为爸爸妈妈的财务状况烦恼不已。我还发现，你也开始犯和他们同样的错误了。能不能好好地和钱打交道，其实在人生的早期就已经定型了。按理说，我本不该和你说话，科学家们要是知道了，一定会把我关进笼子，拿我做各种各样的实验。所以，我从没告诉过别人我会说话。可你冒着生命危险救过我，我就破例一次喽。不过，这是我们俩之间的秘密，千万不能告诉其他人。”

我有一大箩筐的问题想问钱钱。我想知道它是从哪儿来的，它以前的主人是谁，是谁弄伤了它……但它打断了我的思绪：“我们能交谈，是一份很棒的礼物，以后你就明白了。不过现在，咱们就不要浪费时间问问题了。要我说，咱们只谈论有关钱的话题，我可不想为了其他的事情冒风险。”

“可我对别的话题更感兴趣啊。”我心想。再说了，妈妈也常常说，金钱不是生命中最重要的东西。

“我也认为金钱不是生命中最重要的东西。可如果时时处处都缺钱，那么钱就变得举足轻重了。回想一下，我们那次溺水的时候，一心只想着从河里爬上岸，其他的都无关紧要了，对不对？现在，你的爸爸妈妈也面临着同样的境况。他们有严重的财务问题，一直为此烦恼，整天只想着从‘钱’的麻烦中脱身——这就好比正处于溺水的边缘。所以我想帮助你，帮助你改变做事的方式，免得你也陷入同样的窘境。只要你愿意，我就会告诉你，怎样让钱变成让你快乐、助你向上的生活好帮手。”

我可从没认真考虑过这件事。我当然希望爸爸妈妈更有钱，可我也不免有些疑虑：向一只狗讨教关于钱的学问，行得通吗？

“咱们走着瞧。”钱钱又打断了我的思绪，笑得有点扬扬得意，“还有一点很重要：只有你自己真正渴望学习，我才能帮得了你。请好好想一想吧。你们人类呀，总是很容易被自己的想法绕得迷迷糊糊，我建议你时不时用笔记下一些东西。这样吧，明天之前写下 10 条理由，说说你为什么想要变得富有。明天下午四点，我们一块儿去森林里散散步。”

我总觉得自己还小，还没到一本正经地思考“钱”这样艰深问题的年纪。而且，爸爸妈妈的生活给我留下的印象是，钱实在不是什么令人愉悦的东西。钱钱当然知道我在想什么，我立即听到它对我说：“你的爸爸妈妈财务状况不佳，就是因为他们在像你这么大时，没有学会怎么和钱打交道。中国的智者老子有句名言：‘天下难事，必作于易；

天下大事，必作于细。’我想告诉你一些金钱的秘密和法则，但前提是你必须真的渴望变得更富有。你首先得为此列出10条理由，在这之前，我不会再和你说话。”

那天剩下的时间里，我绞尽脑汁地想啊想啊。是啊，我要考虑的事情太多了。不论如何，我都决定永远不向任何人透露我这个奇迹般的发现。

我不想让钱钱变成无数科学实验的牺牲品。永远不想。一想到钱钱会被关进笼子，浑身上下插满了各种各样的管子……不，钱钱绝对不能受到这样的对待！这么想来，我绝对不能和任何人说起钱钱能“说话”的秘密。我决定了，以后不再多追问一句钱钱和它拥有的超能力，嗯，这样我就一定能永远守住我的秘密。

但对于是否要开始考虑钱的问题，我还没有下定决心。这时，我又想起了那句中国名言：“天下难事，必作于易；天下大事，必作于细。”这到底是什么意思呢？

突然间，我有点明白了。邻居家的狗狗亨利可不就是这样。亨利来到邻居家时已经5岁了，完全听不懂指令。邻居总是说，现在想教会它已经非常困难，如果在它很小的时候就进行训练，就会容易得多。

爸爸妈妈要学习金钱的知识，也许会和亨利差不多。

而且，钱钱说起话来，总是一副一板一眼、把握十足的架势。那好吧，我就努力找出10条理由吧，努力想想为什么我希望变得富有。这可并不简单，因为我的大部分愿望实现起来都不需要很多钱。

3个小时之后，我总算是列出了一份愿望清单：

1. 一辆有18挡变速的山地自行车。

2. 可以随心所欲地买唱片。

3. 买下渴望已久的漂亮运动鞋。

4. 可以和住在200公里外的好朋友打好久好久的电话。

5. 明年夏天参加交换生项目，坐飞机去美国，好提高我的英语水平。

6. 帮爸爸妈妈还清债务，让他们不再垂头丧气。

7. 请爸爸妈妈去意大利餐厅吃大餐。

8. 帮助和我一样缺钱的孩子。

9. 买下黑色的品牌牛仔裤。

10. 买一台电脑，最好是笔记本电脑。

我把10条理由一一列了出来，突然有了一种想要变得富有的强烈渴望。毕竟富人可以轻而易举地实现我的这些愿望，还能做许许多多有意思的事。这时，我想起了我的朋友莫妮卡。我想去问一问钱钱，能不能把我学到的金钱知识也告诉她。我巴不得时间能过得快一点，最好眨眼就能到明天下午四点，这样就能知道怎么才能变得“富有”了。

第二章

梦想储蓄罐和梦想相册

我压根儿没法集中精神写家庭作业。时针一指到四点，我就飞奔到花园里。那只白色的拉布拉多犬已经等在那里了。我一把抓起它脖子上的绳索，牵着它向森林走去。我一路上什么都不敢说，直到找到了一处完美的藏身地才放下心来。那是黑莓丛里的一小块空地。我们先爬过黑莓丛中一条五米长的狭窄通道，再在丛林深处清出了一块空地，真舒服呀！除了我和钱钱，没有人能找到这里。在这里，我们非常安全。

我心里太激动了。但愿钱钱还能说话，毕竟谁也不知道下一秒会发生什么。我有好多好多问题想问它，可又想起它只愿意谈论钱的话题，就静下来等着它先开口。

钱钱看着我说："吉娅，你有没有发现，变得富有是一件好事？"

"那当然了。"我急忙回答道，赶紧把列好的愿望清单拿了出来。

"念给我听听吧。"钱钱说。

于是我照着单子念了一遍。

"这里面哪几项对你来说是最重要的？"钱钱接着问道。

"全都很重要。"

"这我倒是相信。但还是要请你仔细看看这张清单，圈出最重要的3项。"

我又对着单子认认真真地挨个重读了一遍。要选出最重要的3个愿望真是太难了，我考虑再三才将下面这3项标记了出来：

1. 明年夏天参加交换生项目，坐飞机去美国，好提高我的英语水平。

2. 买一台电脑，最好是笔记本电脑。

3. 帮爸爸妈妈还清债务，让他们不再垂头丧气。

"这些选择非常明智！"钱钱可兴奋了，"祝贺你！"

我心里有点得意。不过，我还是没怎么搞懂这背后有什么深意。钱钱当然迅速读出了我的想法，立即回答说："大部分人其实根本不清楚自己想要什么，他们只知道自己想要得到更多的东西。想象一下，你给一家大大的邮购商店写信，说你想要'很多好东西'，他们可没法寄什么给你；即便你求他们只给你'几样好东西'，也依然什么都得不到。我们的愿望也是如此。我们必须明确自己内心的愿望，知道它是什么，才有可能得到它。"

我有点不敢相信："你是说，如果我能认清我的愿望，就能去实现它？"

"当然你还得付出努力，"钱钱回答道，"不过你已经迈出了最关键的一步。"

"就是将愿望写了下来？"

"是的。"钱钱说，"从现在起，你要每天读一读这个愿望清单，这样才能把它们真正放在心上，然后你就要开始密切关注和寻找能帮助你实现愿望的机会。"

"这办法真的管用吗？倒是可以试试看。"我还是有点怀疑。

钱钱严肃地盯着我："如果你总是这样将信将疑，那可不会管用。不过，只要做到 3 件事，你的态度就很容易转变过来。第一，找来一个空白相册作为你的梦想相册，再收集一些能够描绘你梦想的图片，把它们贴在相册上。我们要用图片来想象。”

“用图片来想象？”我问。

“也就是说不要去想那些抽象的文字。当你想到加利福尼亚时，你脑子里会冒出‘加利福尼亚’这个词，还是会想起一些画面？”

钱钱说得对，我眼前顿时浮现出迪士尼乐园、旧金山和好莱坞的画面。

“那我要怎么找到这类图片呢？”我又问。

钱钱有点诧异地看着我，它抬起眼皮，仿佛在嘲笑我。

“好吧，”我赶紧说，“笔记本电脑的图片在广告里就有，有关美国的图片或许可以向交流项目的管理机构要。可我还是不明白为什么要这么做。”

“有时我们不需要弄明白一个办法为什么管用，又是如何起作用的。重要的是，它确实管用。就拿‘电’来说，你能解释一下电是如何工作的吗？”

我没料到钱钱会抛出这样的问题。为什么偏偏问我电的问题？要是问到重力，我还能说上几句。我们刚巧在学校学过。

“你瞧，”钱钱没理会我，继续说，“只要按一下开关，灯就亮了——根本不需要解释电是如何工作的。我们小狗对那些理论术语不感兴趣，我们只要知道什么管用就足够了。好了，你就准备好一本相册，然后往上面贴图片吧！”

“我只是好奇嘛。”我嘟囔着。

钱钱立刻说：“好奇是个优点。但是你不能光在那儿好奇，不能因为想法太多就忘了行动。有太多人就是因为没有完全弄明白，所以做事犹豫不决。立刻着手去做，才是更聪明的选择。”

“知道啦，”我向钱钱保证，“我会试一试的。”

钱钱再次打断了我：“不是试一试，而是去行动。如果你抱着尝试的心态，就意味着已经有悲观和消极的预期了。所谓‘尝试’，只不过是在为失败提前找借口、为自己找退路。没有试验：要么做，要么不做。”

我想了好一会儿。我身边好像就有个人老是喜欢说，我试试做这个，我试试做那个，没错，就是爸爸。他总是说，今天会尝试争取一个新客户，但他通常都以失败告终。钱钱说的似乎有道理。也许，爸爸的问题就出在“尝试”上吧。好吧，我决定尝试不再用“尝试”这个词。

钱钱轻轻哼了一声。该死，我暗想，怎么又说了“尝试”？好吧，我以后不会再用这个词了。

钱钱一直盯着我：“做起来不太容易，对吗？”

我记得，这只拉布拉多犬说过我要做到三件事，才能更加确信自己的愿望真的可以实现。第一件事是准备一个梦想相册，贴上与我的梦想有关的照片，那另外的两件事是什么呢？

钱钱的回答马上来了：“你要做的第二件事，就是每天都要看上几遍相册，尽情想象你已经身在美国，拥有了一台笔记本电脑，你也帮爸爸还清了债务，正志得意满呢。”

我吃惊地说：“这是在做梦啊！妈妈总是说，不能做白日梦。”

钱钱很有耐心地解释：“这是视觉化练习。有所成就的人，他们一直都在梦想着自己成功的样子，他们总是不断地想象着愿望实现时的情景。当然，人不能只是停留在想象中，我认为你妈妈是想表达这个意思。”

这一切对我来说太新奇了，与我设想的金钱第一课截然不同。钱钱又立刻读懂了我的想法：“这就是学习，学习新的思想和新的观念。如果一个人总是用同样的方式思考，他就永远只能得出同样的结论。我说的这些，对你来说感觉很陌生吧，所以我建议你记住：在行动之前，不要评判；

不去想象成功的美好，就不能达成目标；精力集中在哪儿，哪儿就会开花结果。只不过，大部分人总是把工夫花在并不喜欢的事情上，而不去想自己真正渴望拥有的东西。”

我不由得想到了克里斯特尔姑妈。她总是觉得自己承受了太多，快要撑不住了，就连应付一些小事也力不从心。我还想到了爸爸。他老是想着我们的处境有多么糟糕——而我们的状况似乎也会因此越来越坏。

“你要做的第三件事，就是准备梦想储蓄罐。”钱钱接着说。

“梦想储蓄罐？”我又大吃一惊。

钱钱笑着解释：“是的。没有钱你可去不了加利福尼亚。要想攒够钱，最好的办法就是利用好梦想储蓄罐。找一个罐子做储蓄罐吧，随便什么样的都可以，然后把你的梦想写在罐身上。不过，每一个梦想都得单独有一个储蓄罐。有了梦想储蓄罐后，就得把所有富余的钱放进去。”

我马上在心里抗议：“那我得摆上好多个储蓄罐啊！即便我每次往每个罐子里扔一块钱，至少也得等到过二十岁生日才能攒够钱呢。这样一来，我就完全没有钱来干别的事情了……”

钱钱平静地看着我：“注意到了吗？你往往先找各种理

由来证明一件事做不成。”

“有时候是这样的。”我嘀咕道，“但你不认为我们更应该想的是，我怎么才能拿到更多零花钱吗？要是我的零花钱翻一倍，我日子就好过多了！”

钱钱的声音一下子严肃起来：“吉娅，也许现在你不相信我说的话，但我还是要告诉你，即使你拿到比现在多十倍的零花钱，你的问题也只会变得更麻烦。因为随着收入增多，我们的支出也会跟着增长。”

我觉得钱钱有点夸大其词了。要是我的零花钱比现在多十倍，一定会像生活在天堂里一般。

可钱钱十分坚持：“看看你的爸爸妈妈。他们的收入比我们多十倍还不止，可能有上百倍那么多吧。但他们还是过得不好。钱的多少并不是最关键的，更重要的是，我们拿钱来做什么。我们必须学会好好和手头拥有的金钱打交道，这样才有资格得到更多。这些等过几天我再详细给你解释。现在说回我们的梦想储蓄罐，马上行动起来，怎么样？”

“可是，这么多的储蓄罐会把我弄糊涂的。”我说。

“所以才让你从愿望清单里选出最重要的几项呀。”钱钱说。

我又看了一遍我列的清单。没错，我最重要的愿望是去美国，买一台笔记本电脑，以及帮爸爸妈妈摆脱债务。我或许能为前两个愿望准备个储蓄罐，而帮爸爸妈妈还债，这个梦想实在是太遥不可及了。

“没错！”钱钱看出了我的想法，“过几天，我们谈谈你爸爸妈妈的债务问题，那其实比你想象的要容易得多。你现在准备好两个梦想储蓄罐就行。赶紧行动吧！”

“好的,我会尝……不,我会去做的。”我向钱钱保证道。

“那就开始吧。”钱钱坚定地说。

“你是说，现在就开始？”我有些吃惊。

钱钱一个劲儿地点头。

好吧。我闭上眼睛，想象在自己的笔记本电脑上写着家庭作业，似乎连作业题都变得更有趣了。对了，修改错误也更方便快捷，拿到更好的成绩真是志在必得！而且，我还能玩超级棒的视频游戏呢……接着，我又开始想象自己即将在旧金山度过三个星期：我住在友善的房东家里，结识了一个可爱的女孩，和她在一起度过了美好的时光，我从没有遇到过这样有默契的好朋友。我还学到了很多东西，一切都是那么的不同……

我甚至想象了一下爸爸满面春风开车送我去机场的情

景。他已经挣开债务的拖累，脸上满是自豪。看见他那么快乐可真好呀！他还吹起了口哨，想试着吹出一首小曲，一不小心却跑了调。不过，我喜欢他高兴的样子。

过了一会儿，我睁开了眼睛。钱钱马上问："怎么样？"

"非常好，"我回答道，"我很享受这种感觉。但我还是不明白这样做有什么用。"

"想想电的问题，"钱钱又说，"你不一定要弄明白电的原理，只要知道它一定有用就行。实话说吧，我也没法给你解释清楚。不过，曾有一只充满智慧的海鸥说过，'在你展翅飞翔之前，你就必须相信自己一定能到达目的地。'你必须想象自己拥有了这些东西，只有这样，小小的愿望才会变成一种强烈的渴求。总有一天，你会对旧金山越来越向往——你想象得越多，你的愿望就会变得越发强烈。然后，你就会开始寻找机会去实现愿望。吉娅，机会到处都是，但只有去寻找，才能发现；只有拥有强烈的渴望，才会去寻找；而只有不断地去想象，才会拥有强烈的渴望。"

"也许你是对的，"我边想边说，"我确实有过去旧金山的计划。我委婉地问过妈妈一次，可她马上叫我想都别想。之后，我就再没将这件事放在心上了。可现在，我突然强烈地想要实现这个愿望。"

钱钱满意极了："那是不是该奖励我一块宠物饼干啦？"

我吓了一跳。真的，自从钱钱变成我的老师后，我就再没把它看作一只狗！我回过神来，连忙给了它几块饼干，它美滋滋地一口吞下。

我还有好多问题想问它。突然之间，我觉得世界上好像充满了秘密。但钱钱说过，它只愿意和我讨论钱的问题，所以，我只好把那些问题藏在心里。不过，有件事始终困扰着我。于是，我忍不住开口问道："钱钱，你是从哪里学会这么多东西的呀？"

钱钱乐了："因为狗天生聪明呗。"

"那……难道拳狮犬和泰迪狗也懂这么多吗？"

钱钱笑着说："我以前住在一个非常富有的男人家里。可我现在不想说这个，你以后自然就会知道的。我们先回去吧，天色很晚了。"

钱钱提醒得对，转眼已经到了晚饭时间。我们一路小跑回了家。我肚子并不饿，吃饭时心不在焉，妈妈忧心忡忡地看着我说："吉娅，你不舒服吗？"

我只是长长地叹了一口气，什么也没有说。毕竟，还有好多问题需要我琢磨呢。

吃完晚饭后，我回到自己的房间，立即开始行动。需要一个梦想相册的话，我翻出的一本旧纪念册就能派上用场。现在，我要把笔记本电脑和加利福尼亚的图片贴进去。但这时我惊讶地发现：我竟然没有任何图片，连广告册都没有。

我这才意识到，我以前真是没有认真对待自己的愿望。好的，我决定了，明天一早就去找广告册！今天嘛，可以把梦想储蓄罐准备好。

我好不容易找到一个空的夹心巧克力盒子，先用透明胶带把盒盖封好，再在上面划出一道口子，就像常见的小猪储蓄罐上的开口，然后用水笔写上“笔记本电脑”几个大字。等找到笔记本电脑的图片，我打算挑一张特别漂亮的贴上去。要是能找到像一整个盒盖那么大的图片贴上，这个盒子看起来就像是一个真正的笔记本电脑了——除了多出来的那道开口。我觉得这个想法很不错。之后，我又找来爸爸的一个香烟盒，在上面写好“旧金山”的标签。

大功告成后，我松了口气。梦想储蓄罐已经有了，该往里面放什么呢？每个月我都有12欧元的零花钱，恰好够买一张唱片。我盘算着，要是每个储蓄罐里都放上3欧元，那就买不了唱片了。真是个艰难的抉择！终于，我对自己说，一段时间以后，要么拥有一堆唱片，要么实现几个重大的目标……也许，每两三个月买一张唱片更好，那样至少能省下一半的零花钱。我越想越觉得这个主意很棒，就往每个储蓄罐里放上了 3 欧元。

我自豪地看着两个梦想储蓄罐，它们好像一下子重如千钧。我觉得我一定能成功！这种感觉好极了！

我躺在床上，心里激动万分。瞧瞧这一天，我都学到了什么！我的生活突然变得如此精彩！可以肯定，从来没有人拥有过一只像钱钱这样的狗。我慢慢睡着了，梦见了钱钱，还有美国和笔记本电脑。

达瑞
小孩挣钱的
250个
金点子

第三章

能挣很多钱的男孩达瑞

“吉娅，该起床了！”我听见了妈妈的声音。要不是妈妈叫醒我，我就要睡过头了。有时候，我觉得人多睡一会儿，是为了要在梦乡里待得更久一点儿。

我在床上伸了个懒腰。妈妈拉开了窗帘，阳光顿时溢满了整个房间。看到屋里乱糟糟的，她有些不满，最后，目光落在了我的梦想储蓄罐上。她挨个儿拿了起来，皱着眉头念着上面的字：“笔记本电脑……旧金山……这究竟是什么鬼东西？”

我的脸一下子红了，觉得浑身发烫。“妈妈，你知道的，我想参加去美国的交换生项目，另外，我觉得在电脑上完成家庭作业更好，所以我准备攒钱。”

妈妈惊呆了。她一手拿着一个储蓄罐，摇晃了几下，里面的硬币顿时发出叮叮当当的响声。“这里面还真有钱呢，有多少呀？”

我不喜欢这样的谈话，小声嘟囔着说：“3欧元。”

妈妈扑哧笑了起来：“哈哈，3欧元就想买笔记本电脑，3欧元就想去美国旅行，你的钱可真是够‘多’的啊。如果去美国需要花1500欧元，那么……”她开始心算，可惜她并不擅长这个——“每个月存3欧元，一年是36欧元，十年是360欧元……那得等四十多年，你才能坐上飞机！”她终于算出来了，放声大笑起来。

我讨厌妈妈嘲笑我的样子。我突然觉得自己简直蠢透了，眼泪直在眼眶里打转。我才不想让她看见呢！可是，虽然我极力忍着，眼泪还是不争气地掉了下来，这让我更加懊恼了。

妈妈走出房间，冲着爸爸喊道：“嘿，乔治，我们的女儿是个理财天才，她很快就要去旧金山了，哈哈哈！”

我终于无法忍受了，便朝着走廊大吼：“你们等着瞧，我一定会去的，就在明年暑假！我不会给你们寄明信片的！你们就自己背着一屁股债吧，我是不会帮你们的！”

我狠狠关上了门，一下子扑到床上，伤心地大哭起来。

我太生自己的气了！根本不该告诉她的，该踩烂那些储蓄罐才对！我太可笑了！这样什么时候才能存够钱？我想象中的一切当然是不可能的！放学后，我要做的第一件事就是告诉钱钱，别异想天开了，我才不要等到当奶奶的年纪才去美国呢！

这一天在学校里也糟透了。我没法集中注意力，还好今天不用考试，也不用做课堂作业，不然肯定过不了关。我甚至没和同桌兼好朋友莫妮卡说一句话，一直在发呆，等不及要放学回家。最后，莫妮卡受不了我总是一言不发的沉默劲儿，递来了一张纸条，我看也没看就直接塞进了牛仔裤兜。

课间休息时，我立刻走出教室，只想一个人待着。莫妮卡跟着跑出来，追上我，委屈巴巴地问："你怎么了？是不是生病了，还是丢了什么东西？难道是和爸爸妈妈吵架了？别担心，都会没事的……啊，不会是找到钱钱以前的主人了吧？"

"全都不是。"我打断了她，不然她会一直追问下去。她就是这样爱说话，太爱说话了，也保守不了秘密。我们的班长杰森说过，要是告诉莫妮卡什么事，就等于把这事直接登在了报纸上。

可是莫妮卡不依不饶，还在刨根问底。像所有话多的人一样，她的好奇心也特别旺盛。我知道自己是没办法清净了，便开始盘算该怎么回答她，才不会给钱钱带来危险。最后，我决定告诉她储蓄罐的事情和妈妈的嘲笑，说完后，又总结道："总之，我需要很多钱，而且要很快。"

莫妮卡显然有点没弄明白我的意思，她说："那你去找你的爷爷奶奶呀，他们肯定有很多钱。换了是我，我肯定就这么做。"

"莫妮卡，我爷爷奶奶自己都顾不过来呢。"我回答道。

莫妮卡家很有钱，而我家就另当别论了。

"那就问问你的叔叔和婶婶。"莫妮卡又想了个主意。

"你别烦我了！"我说，"我们家里的人都没钱！我根本没办法弄到钱！"

"我不知道你是不是真的没法找到人帮忙，我只知道，你很轻易就放弃了。你都没试过,却总是先想着'行不通'，这样肯定不会成功啊。"莫妮卡这样说道。

我心中一惊，钱钱也说过这样的话。也许他们说的真的有道理。莫妮卡有很多缺点，但她的确从不轻易放弃。她在学习上没什么特别的天赋，不算是最聪明的学生，但每次考试都没落后过。

上课时间到了，我们一起走回教室。我暗暗下定决心，以后再也不那么消极地面对问题了。

终于熬到了放学，我一路飞奔回家，三口两口吃了点东西，牵起钱钱就跑进了森林。好不容易到了我们的秘密基地，我把憋在心里的话一股脑儿全倒了出来："我真要被你的坏主意气疯了！妈妈发现了我的储蓄罐，狠狠笑话了我一番。她帮我算了算，我得等上四十多年才能登上去美国的飞机。到那时候，我都当奶奶了！"

钱钱沉默地看了看我，然后低下头去，它看起来有点伤心。

终于，我听见它轻轻地说："你是真的想去美国，真的想买笔记本电脑吗？"

"当然！"我坚定地说，那斩钉截铁的语气让我自己都有点吃惊。不管是通过什么视觉化练习、梦想储蓄罐，还是那只是半成品的梦想相册，只要能让我实现愿望就行！

"那就好，"钱钱恳切地说，"因为这才是最重要的。能不能立刻知道怎么去实现不是最关键的，更重要的是，你确实有实现梦想的愿望，要不然，遇上一点困难你就会放弃了。"

这话听起来很有道理。和妈妈争吵一番后，我更加坚定了自己的想法。我一定要做到！

“我也从没说过做成这件事会很容易啊。”钱钱接着说道。

“我知道。但是我一点也没料到妈妈是这样的态度。”我抱怨道。

“让我们感到痛苦的，往往是那些我们完全没有预料到的问题。”钱钱回答道，“不过，现在我们要好好想想，怎么才能赶在你当奶奶前就攒到足够的钱。”

“希望渺茫啊！”我说，“我和莫妮卡也商量过。我没有能借钱的富亲戚，真让人绝望。”

钱钱气呼呼地挠着爪子：“不要总想着那些行不通的方案。你完全可以打工挣钱啊。”

我也很生自己的气，不是决定了不要总是先想消极的一面吗？可我一个12岁的小女孩又能怎么挣钱呢？突然，我有了个主意：“没准儿我可以定期帮家里割草坪，这样每次肯定能挣个几块钱。”

钱钱却不赞成：“你也住在这个家里，享受着花园，你帮忙干活是应该的，不能因为这个向父母要酬劳。再说，他们也为你做了很多事情呢，可从来没有给你记过账。”

“好吧,你说得对。那请你告诉我,到底该怎么赚钱呢?”我问。

“这个并不难。”钱钱说,“等以后我给你讲讲男孩达瑞的故事吧,那个故事精彩极了。达瑞原本也是个普通人,却在17岁就挣到了几百万。在讲这个故事之前,我得先跟你说点更重要的:你能不能挣到钱,看的不是你有没有好点子,也不是你有多么优秀,最关键的是你有没有自信。”

“自信?”我重复道,“这和挣钱有什么关系?”

钱钱郑重地昂起头,表示它将说出一番意义重大的话:“是否自信决定着你是否敢去做某些事。如果没有这份自信,你就不会开始去做;而如果不动手去做,就什么也不会发生。”

我不知道自己是否听懂了钱钱的话。不过,我想到了一件事。不久前,我忘了准备第二天的课堂测验,早上到学校时才听同学们说起。但我相信自己很快就能完成复习,所以逃了两节艺术课,坐在学校操场上抓紧看书。最后,我的确得了“良好”。如果当时我不相信自己的能力,那我就不敢这样做,也根本不可能立即开始复习。

“棒极了!”钱钱欢呼道,“这就是自信!”我又忘了,钱钱总是能读懂我脑子里的想法。

我有点不解地说："可我不觉得自己特别自信哪。"

"这倒是，"钱钱表示赞同，"不过要增强信心也不难，想听听该怎么做吗？"

"当然。"我赶紧回答。

"那就告诉你吧。拿一本空白的练习册或日记本，取名叫'成功日记'，把所有你做成的事情都写上去。你最好每天都要记录，至少写上五项成果，任何小事都可以。一开始你可能会觉得很吃力，或许会问自己，这件事或那件事到底算不算'成果'呢。当你有所迟疑时，要始终告诉自己，这就是成果。过于自信总比缺乏自信要好得多嘛。"

钱钱略微思索了一下，继续说："现在就开始写吧。晚餐后见面时，我再给你讲讲达瑞的故事。"

我真想立刻就听听这个故事，可我越来越信任钱钱，知道它这么做自有道理。所以我同意晚餐后再听，现在先和它一块儿散步回去。

到家后，我马上回到自己的房间，拿出一个用过的化学作业本，撕掉了写过字的几张纸，又在封面上贴了一个新标签，写上："成功日记"。

我写下今天的日期，想马上开始记录，可最终没有下笔，只是怔怔地看着空白的页面。昨天做成了什么事呢？

我想了很久也想不起来。也许，准备梦想储蓄罐也算一件吧，可我又不确定这到底算不算成果。该不该写下来呢，我犹豫起来。

突然，我想起钱钱对我说过，刚开始你或许会问自己，到底要不要记下这件事。答案是一定要记！

就听它的吧，于是我一口气写下：

1. 我做了两个梦想储蓄罐。尽管不知道是否真的管用，但如果不做，那肯定什么也不会发生。

2. 我在每个储蓄罐里放进了3欧元。

3. 我开始制作梦想相册。

4. 今天，我开始记录成功日记。

5. 我决定要挣很多钱。

6. 我决定永不放弃。

7. 我要学习很多关于钱和挣钱的知识。

我看了看这份清单，突然觉得很是自豪。能做到这些事的小孩肯定没几个，所以我觉得自己还挺了不起的。非凡的人可能都有点疯狂吧。

很快就到了做家庭作业的时间。吃过晚饭后，我又牵着钱钱走向森林。正是夏天，这会儿天还很亮。虽然妈妈不喜欢我晚上还往森林里跑，但我必须和钱钱单独聊聊天。

我先是骄傲地告诉钱钱，我已经开始写成功日记了，真的写上了五项成果。钱钱露出了满意的神情。

随后，我迫不及待地央求它给我讲讲达瑞的故事。

钱钱故意磨蹭了一会儿，才开始讲起来:“有一次，达瑞讲他自己的故事时，我恰好在场。故事是这样的:达瑞八岁的时候,有一天想去电影院看电影,可他一分钱都没有，于是，他就问了自己一个基本的问题:是去找爸爸妈妈要钱呢，还是自己挣钱?最后，他选择了后者。他在街角摆了个小摊，向路人兜售自制的汽水。可惜，那时正是隆冬，根本没人买，除了两个人——他的爸爸和妈妈。

“后来，他恰好有一个好机会，可以和一位非常成功的商人聊天。他说出了自己‘破产’的经历，商人给了他两个非常重要的建议:要始终去帮别人解决问题,才能挣到钱;要把精力始终集中在你知道的、能做到的和拥有的东西上。

“这两条建议很重要。但是一个八岁孩子能做的事情实在不多，于是他在街上走来走去，不断思考着别人可能需要解决什么问题，而他凭自己的能力又能解决什么样的问题。

“这件事情可不简单。他一直没想到合适的点子，直到有一天，他爸爸不经意间帮他找到了方向。那天早饭时，爸爸请他帮忙去取报纸。在美国，邮递员总是把报纸投放在花园篱笆上专用的信报箱里，也就是说，人们想舒舒服服地穿着睡衣，边吃早饭边看报纸的话，就不得不走出暖和的房间，到花园入口取报纸，不管外面是在刮风还是下雨。虽然这段距离一般只有二三十米，但也确实挺烦人的。

“达瑞在替爸爸取报纸时，想到了一个主意。当天，他就逐一按响了邻居家的门铃，表示自己愿意每天早上帮忙把报纸塞到房门底下，而他们只需每个月支付一美元。大部分邻居都同意了。达瑞很快就有了 70 多家客户，一个月后，当他清点收入后，觉得自己简直飞上了天。

“他高兴坏了，但并没有满足于现状，而是继续寻找其他的机会。要知道，一旦尝到甜头，就很难停下来了！他又向顾客们提出，他们可以将垃圾袋放在门口，等他早上送报纸时顺便丢进垃圾桶——只是，每月要再多收一美元。他还帮他们照顾宠物，看家护院，浇灌花草。但他从不以小时计费，因为通过其他方式计费能挣到的钱更多。

“九岁时，达瑞学会了使用爸爸的电脑。他开始学着写‘广告’，同时还不断记下能让小孩挣钱的各种创意。他的好点子越来越多，积蓄也越来越丰厚，妈妈便开始教他记账。这样的话，他就能弄清楚什么时候该找谁收钱了。

“他还召集了其他小孩来帮忙，把自己收入的一半分给他们。这样一来，他的账户里便有了源源不断的收入。

“一位出版商注意到了他，说服他写一本书，名字就叫《小孩挣钱的250个金点子》。这本书成了超级畅销书，而12岁的达瑞凭借这本书一跃成了畅销书作家。

“达瑞成了电视上的常客，许多儿童节目邀请他去当嘉宾。他在电视上表现得落落大方，深受观众的欢迎，所以15岁时就有了自己的专栏节目，有了节目酬劳和广告收入，他的财富像滚雪球一样增加。17岁时，他就拥有好几百万美元了。”

钱钱用一个问题结束了它的故事：“你认为，在他获得成功的道路上，最关键、最重要的是哪个时刻？”

我被达瑞的故事深深震撼了。我想说是他第一次登上电视的时候，但如果没有写成畅销书，他就上不了电视，而如果没有挣到很多钱，他也写不出那本书……

钱钱打断了我的思考：“确实是这样，其实在达瑞集中精力、认真思考他知道什么、能做什么和拥有什么的时候，他就已经开始迈向成功了。这足以让一个小孩创造出比成年人更多的财富。因为大部分成年人一辈子都在关注他们不知道、不能做和没有的东西。”

“嗯，这就是自信吧。”我终于明白了，“可是，不知道达瑞的故事在我们这儿是否也能行得通，美国的小孩做到那些肯定要容易得多。”

钱钱大叫了三声。

我吓坏了，它以前从没有这样叫过。我赶紧环顾四周，看看有没有危险，但什么可疑的东西也没发现。啊，我猛地意识到，是我自己又说了不该说的话。我气得恨不得咬断自己的舌头。我又犯了绝不该再犯的错误，又在关注那些自己不在行的事情和没有的东西了。虽然我不住在美国，但在这儿也一定有其他的机会。

钱钱满意地欢呼起来：“太棒了！现在我们俩都该来片宠物饼干。”

我赶紧把手伸进口袋，给了钱钱几块饼干，它风卷残云般吃光了。

忽然之间，我好像充满了勇气。我总会找到办法赚很多钱的。我轻轻挠了挠钱钱的脖子，它可享受了，发出小猫一样的咕噜声。几分钟后，我们一起走回了家。

第四章

堂哥的致富经

和钱钱聊完后，我脑子里思绪万千。我躺在床上默默地想，无论如何也要找到一个赚钱的办法。可我该从哪儿开始，又该做些什么呢？达瑞的成就太令人惊叹了，但也许他只是一个特例吧。而且，那是在美国，一切肯定要容易得多。他又很幸运，拥有开明的父母。另外，我的年纪可能还是太小了……

突然，我又想到了钱钱关于自信的说法。如果更自信一点，事情可能就会简单多了。我差点又掉进昨天那样的圈套里了。于是我决定立即去写成功日记。我很快就想到了两项成果：

1. 我能很好地保守秘密。

2. 妈妈嘲笑了我，但我没有放弃。

过了一会儿，我又补充了四项成果。

在写下这些的时候，我还想，自己身边是不是也有像达瑞那样的人呢？要是能和他们聊一聊就好了。

我忽然想到了堂哥马塞尔。他只比我大十个月，我们每年也只见上一两次面，可我知道他的钱包总是鼓鼓的。他实在是个讨厌鬼，我和他从来玩不到一块儿去。但也许他能帮助我。尽管现在已经有点晚了，但想到这儿，我还是马上给他打了电话，幸好他还没睡觉。

还没等他开口，我就一口气说出了自己的愿望："你好，马塞尔，我是吉娅。我得跟你商量个重要的事儿：我想参加明年去旧金山的交换生项目，这需要很大一笔钱，可爸爸妈妈帮不上忙，我得自己挣。"

马塞尔笑了："没有比这更简单的事了。说真的，你这可是吓了我一跳，我一直以为你就是个只对洋娃娃感兴趣的傻丫头呢，所以从没正儿八经地和你说过话，现在你倒突然问起正经事来了。"

我恨不得立刻挂断电话。他可真是毫无教养，像只自以为是的癞蛤蟆！不过，我还是努力地控制好自己的情绪：“你可真没礼貌。不过，你能不能告诉我，为什么你从来都不缺钱？”

马塞尔有些挑衅地回答：“我以为你会挂了电话哇哇大哭呢,看来你还不是我想象中的那种可怜虫。嘿,你知道吗，挣钱真的一点都不难。”

我才不会让他知道，我费了多大劲才忍住，没让眼泪掉下来。我停了停，继续问道：“真的不难吗？”

马塞尔兴致勃勃地说：“随时随地都可以挣到钱啊，你只要到处看看就能发现机会。”

我觉得，达瑞也会这么说的。不过，我还是有点怀疑：“马塞尔，我有很多朋友都想挣钱，可都没什么办法。”

“那是因为他们没有好好寻找机会。也许他们太爱和洋娃娃玩了吧。”马塞尔答道。这下我真的生气了，要是他胆敢再提一次洋娃娃，我就……

他还在自顾自地往下说：“吉娅,你有没有去找过工作？我是说，你有没有花整整一个下午的时间来思考怎么赚钱这件事？”

老实说，我花在这上面的时间从没超过一小时。更准确地说，我总是很快就认定没什么办法，然后想都不想了。

“你瞧，”马塞尔继续说，“所以你才什么机会都没找到。一个不去寻找机会的人，顶多只能靠运气施舍点东西。告诉你我是怎么赚钱的吧——我有一家自己的公司。”

“可是，你才 12 岁——和我一样大！”我惊呼起来。

“是呀，可我的确有一家公司。我派送面包，现在已经有 14 个顾客了。”

“你的公司可真是了不起！”这次轮到我发笑了，“你干的事儿和报童一个样儿，只不过把报纸换成了面包。”

“洋娃娃脑袋。”马塞尔嘀咕着，“根本不是你想的那样。我只在星期天送面包，因为这一天的面包比平时贵，而大部分人都不愿意星期天开车出去买。所以，我就对他们说，我可以帮忙把面包送到家。我们的面包师人特别好，给我出了很多好点子。他按平时的价格把面包卖给我，这样每个面包都能挣大约 10 欧分。每次给顾客送面包，我收取最高 75 欧分的费用。这样，我每个星期天只要工作两三个小时，每个月就可以挣到 70 多欧元。”

“70 多欧元！天哪！”我激动地喊了出来。

“还有呢，”马塞尔越说越来劲，“我每星期还在养老院工作三个下午。”

“在哪儿？”我有点不敢相信自己的耳朵。

“养老院。我帮老人购物，陪他们散步，有时也陪他们聊聊天，或者打打牌。养老院支付我每小时 5 欧元的报酬。这么算下来，我每周可以挣 35 到 45 欧元，一个月就有至少 150 欧元。”

我按捺不住心里的兴奋，叫起来：“那加上送面包每个月就有 200 多欧元了。真是太酷了！”想了一会儿,我又说：“可我家附近没有养老院啊……”

“而且你也不叫马塞尔，你只是个小姑娘。”他讥笑我，“不要总是想那些做不成的事情嘛，你得多想想什么能做成。”

又是这句话。我再次想起了达瑞的故事，他就只关注他知道的、拥有的和能做成的事情。而我却偏偏在想我家附近没有养老院。这样可不好。钱钱也再三地提醒过我了。

马塞尔打断了我的思绪：“你最好先找出自己喜欢做的事情，然后再想想怎么通过这些事来挣到钱。我就是这样想到派送面包的点子的。我很喜欢骑自行车，现在正好可以边骑车边挣钱，这感觉真是太棒了，棒极了！另外，我每天都会按响几户人家的门铃，问问是否需要帮忙送面包。我的目标是发展到 50 个顾客，那样我每个月挣的钱就能超过 250 欧元了。”

我听了他的话，心里狠狠震动了一下。但我又能找到什么样的机会呢？“我实在想不出自己能做什么。”我叹气道。

“你到底喜欢做什么呢？”马塞尔问。

“我喜欢游泳，还喜欢玩洋……”我赶紧改口，“还喜欢和可爱的小狗玩。”

“这不就行了！”马塞尔马上接道，“你就想想怎么用这些挣钱呀。”

“用小狗挣钱？”我脑子里一片空白，感觉自己像个傻瓜一样。

“真是洋娃娃脑袋啊。”马塞尔叫道，“你反正每天都必须和你的狗一起去散步吧。”

“不是必须，我喜欢和钱钱散步。”我反驳道，“还有，不许你再说我洋娃娃脑袋！”

“你瞧，这不就得了！”马塞尔叫道，“你遛钱钱时可以再多遛一只狗啊，这不就能挣到钱了！”

我一下子激动起来：“这个主意真是太天才了！虽然你很讨厌，但脑子还真聪明。”我赶紧道了谢，挂断了电话。得立刻开始制订计划了！

我几乎认识附近的每一只狗，小狗们也都认识我。我非常非常喜欢它们。啊，现在我只要带它们散散步，就能挣到钱了……

我的脑子里一下涌出来千百种想法。不久前我还认为，我们一家人都挺穷的，但自从我集中精力思考钱的问题以来,整个想法都已经改变了。我就是这样“发现”马塞尔的。看来，集中精力做一件事，这个办法的作用真是奇妙啊！谁知道以后还会发生什么呢？想到这儿，我又一次想起了达瑞。

不知不觉间，我进入了梦乡……

第二天在学校里，我还在不断地思考着我的挣钱计划。我们那个街区有一只名叫“拿破仑”的狗，是牧羊犬、罗威纳犬和别的什么犬种的杂交。它的主人是一对老夫妻，老先生长得很像狼人，他得了轻微的脑中风，走路不利落，所以最近总是他的妻子去遛狗。她看上去很不情愿做这件事，狗也不听她的话，总是趁她稍不留神就跑开了。也许，那位女士根本不会和狗打交道吧。

我决定去找“狼人”先生和他的太太谈一谈，虽然我连他们的名字都不知道。

放学路上，我特意绕到了拿破仑家。走到门口时，我却突然失去了勇气。我该说些什么呢？该问他们要多少钱呢？可以直接开口要报酬吗……我真想立刻逃走，但正趴在花园里打瞌睡的拿破仑认出了我，一路跑到门口来了。

它大声叫唤起来。老先生来到窗边，想看看是谁来了。他看见我，便问我有什么事。天哪，这个机会我要是现在抓不住，就会永远失去了！想到这儿，我鼓足了勇气，大声说："我想参加去美国的交换生项目，所以我需要钱，我想自己把这笔钱挣出来。我留意到，您的太太并不太喜欢牵着拿破仑去散步，所以我想，我可以每天帮你们遛狗。不知道您是否同意呢？"

说完这些话，我不敢直视那位老人，脑袋里嗡嗡直响。

他却很和善地邀请道："我觉得这个主意很不错。快进屋里来，我们好好商量一下。"

他的妻子打开了门，我们在客厅里坐下。我还是不敢看这位"狼人"先生，他看起来真的太严厉了。还好，他的妻子开口说话了："你知道吗，每天我要带拿破仑出去走三趟，这实在是太麻烦了。而且，路上要是碰上别的狗，我还常常拽不住它。你敢带它出去散步吗？"

"拿破仑很喜欢和钱钱待着，"我回答，"钱钱也会和我们一起去的。我们可以试一试。"

"我看见过你带着小狗玩儿，"那位老先生插话说，"我想没人比你更合适了。”说完，他又对妻子说：“埃拉，放心吧。这个小姑娘有和小狗相处的天赋，我觉得她说不定能和小狗聊天哩。”

我差点忍不住笑出声来，要是他知道……我小心地打量着老先生，他正和妻子说着话。靠近来看，他一点也不可怕，还有点神秘感，仿佛有过很传奇的经历。这让他看起来既温和友善又充满智慧。

他又转向我说道：“我们先互相认识一下吧。我们姓哈伦坎普，我叫瓦尔德玛，她叫埃拉。”

“我叫吉娅，吉娅·克劳斯米勒。”我也介绍了自己。

“很高兴认识你，小姑娘。”哈伦坎普先生非常有风度地向我点了点头，继续说，“我想给你个建议：每天下午带着拿破仑去散步，帮它刷刷毛，再教它学学听命令。”老先生停顿了一下，才问我，“那么对于你提供的这份帮助，你想要多少酬劳呢？”

我的脸腾地一下红透了，我还没有仔细想过这个问题呢。他们满怀期待地看着我，可我该怎么说呢？“我也不知道。”我轻声说。

“那我给你个意见吧，”老先生说，“每天一欧元，你觉得怎么样？”

我默默地算了算，一个月就是 30 欧元，这可是我零花钱的三倍呢。老天，好多钱啊！但我的沉默引起了他们的误解，他们还以为我对此不满意，于是又补充道：“每教会拿破仑一个小本领，就额外再付 10 欧元。”

这回，我赶紧回答：“太好了，我真是高兴！你们真好！”

他们也满意地相互对视了一下，哈伦坎普太太满是期待地说：“那好，今天下午就可以开始了吧？”

“当然啦。”我回答道。我赶紧和他们道了别，妈妈还在等着我吃午饭呢。

我欢天喜地地往家跑去，心里像喝了蜜一样甜。我内心欢呼着：赚钱真简单啊！这会儿，我感觉自己就像一匹欢快奔跑的小马，不由得高兴地哼起歌来。

一进家门，我就抱起钱钱，轻轻地抚摸它。我悄悄在它耳边说：我马上就要挣到很多钱了！它伸出爪子向我道贺，我能看出来它也很高兴。

吃过午饭，我赶紧给马塞尔打电话，告诉他我已经找到了第一份工作。“瞧，吉娅，你能行的。”他只说了这么一句。我心里空落落的，本来还以为他会夸奖我呢！不过，我突然发现，他第一次没用“洋娃娃脑袋”来讽刺我，而是叫了我的名字吉娅。这是个好兆头。

“不过，我得提醒你注意两件事，这两件事都很重要。”马塞尔说，“第一，你不能光指望着一份工作，因为它可能比你预想中更快结束，你得抓紧时间接着去寻找下一个工作机会。”

我觉得他说得有点夸张，但还是决定听他的。

“第二，你工作时肯定不会一直四平八稳，肯定会时不时冒出一些现在难以预料的问题，到那时就能看出你到底是个像洋娃娃一样的胆小鬼，还是像我一样，真有能力挣到很多钱。一帆风顺的时候，人人都能挣到钱，但只有在遇上困难时，谁真的有能力才能见分晓。”

对于他的第二条建议，我不知道该怎么回应。尽管如此，我还是礼貌地向他道了谢，然后带着钱钱去找拿破仑。跟我预想的一样，拿破仑是只很可爱的小狗。能和钱钱一起玩耍，它高兴坏了。它们俩追赶着我带来的球，玩得不亦乐乎。

不过，碰见别的狗时，拿破仑就不听招呼了。我决定在接下来的几天里,先教它听懂“坐下”和“躺下”的指令，还要让它明白，当有别的狗路过时，它得乖乖听话。

等我们终于回到家时，姑姑埃尔娜来家里做客了。她住的地方离我们这里只有 35 公里，但我们已经很久都没见过她了。自从有了钱钱，她还没来过我们家呢。

我们互相问候寒暄时，她的目光落在了我身边的钱钱身上。妈妈见状对她说，这只狗是自己跑到我们家来的，直到现在也没能找到它原来的主人。姑姑非常认真地打量了它一会儿，眉头皱了起来。我忽然有种不妙的感觉。

“这只狗你们养了多久了？”她问道，眼睛一刻也没从钱钱身上离开过。

“快九个月了。”妈妈回答说。

“那我可以告诉你们一个重要的消息，”姑姑的声音严肃极了，“我应该知道这只狗是谁的。”

“它是我的！”我马上喊道。

“不，它是我家附近一位先生家的。”姑姑继续坚持己见。

我心里害怕极了。“它现在属于我们，它已经和我们待在一起这么久了！”我不管不顾地大声喊。

妈妈严厉地看着我：“不许对姑姑大喊大叫！你的礼貌哪儿去了？”

我的脑袋嗡嗡作响，胃里翻江倒海，心慌得怦怦直跳，眼前一阵天旋地转。这时，我听到了爸爸的声音，好像是从很远的地方传来的：“那我们明天就带着钱钱开车去找那位先生，解决这个问题。”

我不想再听下去了。我冲出客厅，钱钱也跟着我跑了出来。一进自己的房间，我就砰地关上门，一头扎到床上，好像失去了知觉一样。但有一点我非常清楚：我绝对不会放弃钱钱。我们共同经历了这么多事情，我们要永远待在一起，否则我宁愿和它一起逃走。

钱钱把头靠在我的腿上，看着我。我根本不用听它说什么，因为它的眼神已经告诉了我一切：它也永远不会离开我。

第五章

钱钱以前的主人

第二天，我根本不想去上学。我害怕等我回到家时，钱钱已经不在了。爸爸向我保证，会和我一起去找姑姑的那位邻居。

莫妮卡现在已经习惯了我经常一言不发。第三节课时，我实在隐瞒不住自己的心事了，就告诉了她姑姑带来的坏消息，莫妮卡一脸同情地看着我。

“如果你想把钱钱藏起来，可以把它送到我们家。”她热心地建议。我大大松了一口气，忽然觉得我一定能找到解决的办法。

尽管如此，在去姑姑家的路上，我的心情还是很低落。我们接上姑姑，一起去拜访她的邻居。很快，我们来到一栋豪华的大别墅前，它坐落在一座风景优美的花园里。一个门卫打开大门，我们慢慢把车开了进去。

“能住在这儿的，一定是非常非常有钱的人。”爸爸惊呆了。

姑姑解释说：“金先生在证券交易所挣了很大一笔钱。不过听说前不久他出了场意外，我不知道他出没出院呢。”

我搂紧了钱钱，心里暗暗希望金先生能和他的别墅一起化作轻烟，消失得无影无踪。

一个穿着白色围裙的女佣给我们开了门，想必门卫已经通报了我们的来访。我们下车后，姑姑向她说明了来意。很快，我们就见到了金先生。他个子不高，看上去十分和蔼可亲。我本以为我会恨他的，可连我自己也不敢相信，我居然立刻喜欢上了他。他很聪明，马上看出来我是钱钱最亲近的人。

“你怎么称呼我们的小可爱呢？”他的声音非常温和。

我不知道该怎么回答。我突然意识到，钱钱以前肯定还有一个名字。

“钱钱。”爸爸替我回答道。

“钱钱。不错，非常好。”金先生听了很高兴，“我觉得比它以前的名字还好。我建议,我们就继续叫它‘钱钱’吧。”

我不知所措地看着他，他的语气非常认真。我也觉得，“钱钱”这个名字要保留下来。

金先生把我们带到客厅，告诉了我们事情的原委。原来，几个月前，他开车带着钱钱出门，在离我家几公里的地方出了事故。当时他身受重伤，失去了意识，送到医院里才醒了过来。自那以后，他就再也没见到过钱钱。他在医院里住了好几个月，也请人去找过钱钱，但一直没有回音。

“钱钱应该是想自己跑回家，但路上被其他的狗咬伤了，然后才爬到了我们家花园里。”我告诉他我知道的有关钱钱的一切事情，包括那次溺水的经历。当然，我没有说出钱钱会说话的事实，虽然我认为金先生是可以信赖的，可谁都保不准会发生什么……

金先生从沙发上站起身，向我走过来。我注意到他现在走路还不太方便，可能是车祸留下的后遗症。他握住我的手，感激地看着我说：“你找到了我最爱的宠物，我真高兴。知道你把它照顾得很好，我心里的一块大石头终于落地了。”

我有些不好意思，红着脸结结巴巴地说：“我也非常……非常喜欢钱钱。”

“我能感觉得到，我太高兴了。”他对我说，“我还得接受很多治疗，过一阵儿还得再去康复医院住上好几个星期，要是你能够继续照顾我的……照顾钱钱的话，那可真是帮了我的大忙。当然，一切费用都由我承担。”

听到这话，我欣喜若狂，心怦怦直跳：钱钱可以留在我身边啦！可我又有些为金先生难过，于是问道：“您一定非常想念钱钱，对吗？”

“当然。”金先生轻轻叹了口气，“所以我还想请你帮我一个忙：你能每个星期带着钱钱来医院看我一次吗？我的司机会负责接送你们。”

“非常愿意。”我急忙说道。我的确非常愿意帮他的忙，我越来越喜欢他了。

他又朝我爸爸转过身说：“我想把钱钱留在您家里，让吉娅每星期带它来看我一次，您同意吗？当然，我会为你们付出的一切承担所有的费用——不管是之前的，还是以后的。”

爸爸轻声推托了一番，说没有必要付钱，金先生却极力坚持。我惊讶地发现，他身上有种不言而喻的威严。不知为什么，我现在已经开始盼望着能每星期去见他一次了，他和我认识的其他人很不一样。这会儿，他看上去十分疲惫，显然，他应付谈话比我们看到的更吃力。

这时，姑姑开口说我们该告辞了，金先生感激地接受了她的提议。钱钱小心地把头伸过去，在他腿上靠了一小会儿。它可能也感觉到金先生非常虚弱，便汪汪地大叫起来，女佣听到叫声，很快走了过来。我们向金先生告别后，跟着女佣走了出去。

下午两点零九分，我们把姑姑送回家，然后就直接开车回去了。趁爸爸在告诉妈妈今天发生的事情时，我牵着钱钱去了森林。我有太多问题要问它了。

到了我们的秘密基地，我拨开入口处的树枝，和钱钱一起爬过灌木丛里的通道，来到中间的空地上。刚坐下，我就听到了钱钱的声音："看到你和金先生相处得很好，我真开心。他是个非常优秀的人，我从他那儿学到了很多东西。"

我大吃一惊，原来钱钱也需要学习啊。不过也理应如此，它肯定不是天生就这么聪明的。

"快告诉我，为什么你从来没有提起过金先生？"我问。

"因为我们说过只谈论钱的问题呀。"钱钱回答。

"可你肯定也很想念他啊。"我有点疑惑。

"出车祸的时候，我还以为我亲爱的主人已经死了。"钱钱解释道，"他躺在血泊中，一动也不动。我也恍恍惚惚的，强撑着爬进一个灌木丛后就失去了知觉。我肯定是昏睡了很长时间，因为当我醒过来时，主人和他的汽车都已经不见了。我从没想过我还能再见到他。”

我明白了。

钱钱继续说：“现在，我们还是只谈论钱，不谈论其他的事情。要是你有别的问题，下次等我们去看望我的主人时再问问他吧。”

可我现在一点也不想思考钱的问题，因为今天发生了这么多激动人心的事情。我差点忍不住追问钱钱，它究竟为什么能说话。

钱钱用坚定的语气说：“我们要帮你爸爸妈妈解决债务问题。但在这之前，我们先来说说之前讨论过的事情。你的梦想相册做得怎么样啦？”

我涨红了脸：“已经开始做了，只是还没找到合适的图片。梦想储蓄罐上也需要一些图片。但是我把这些事彻底忘掉了。”

钱钱用责备的眼神看着我，不留情面地说：“你努力去想象了吗？你的成功日记怎么样了？昨天有没有做记录呢？”

“昨天只顾着烦心事了，”我小声说，“我好害怕失去你，根本没法集中精力做这些事。”

“我能理解。”钱钱回答说，“这正是很多不富裕的人会犯的错误。他们总是有很多十万火急的事情要做，却没有时间考虑真正重要的问题。”

“这我不明白，”我对钱钱说，“还有什么比把你留在我的身边更加重要啊？”

“我说了，我能理解你。”钱钱的声音又响了起来，“可是，在你姑姑来家里之前，你为什么没有做？这你又该怎么解释呢？”

“我那时候太高兴了。因为我带着拿破仑散步，可以挣到很多钱。”我回答。

钱钱严肃地看着我：“这样的话，我还得告诉你三件重要的事情：第一，即使遇到了困难和问题，也得实施你的计划。如果事情一切顺利，谁都能完成任务，只有在出现真正的问题时，谁强谁弱才能见分晓。只有少部分人能继续坚定不移地贯彻执行他们的计划。而那些特别富有的人，更是擅长在最困难的时候做出最漂亮的成绩。”

我觉得这话听起来十分耳熟。是谁说过类似的话呢？对了，是马塞尔，这也是他给我的建议：“一帆风顺的时候，人人都能挣到钱，但只有在遇上困难时，谁真的有能力才能见分晓。”我这才意识到，我还有那么多的东西要学习。

钱钱赞许地向我点点头：“困难和问题总是层出不穷，尽管如此，你仍然要每天坚持下去，坚持去做对你的未来意义重大的事情。它们最多花掉你十分钟的时间，可就是这十分钟，能给你带来真正的改变。大部分人总是日复一日地停留在原地，就是因为他们没有拿出这样的十分钟来，他们总是期待周围环境会为自己发生改变，却忘记了首先应该改变的就是他们自己。”

钱钱停顿了一会儿，又继续说：“这十分钟时间就可以改变你。你要对自己郑重做出承诺：从现在开始，坚持写成功日记，坚持去设想你美好的未来。不管发生了什么，每天都要坚持这么做。”

我举起右手郑重承诺：从现在开始，我一定每天写成功日记,不断地去设想我美好的未来。我一定要坚持做下去。

“第二，”钱钱毫不客气地说，“当一切进展顺利时，你也应当坚持做下去。”

我愣愣地望着它，不明白这句话到底是什么意思。

“你得到了照顾拿破仑的工作，只顾着欢天喜地，却把你该做的事忘到九霄云外去了。你瞧，总有千百种事情可能分散你的注意力。所以，你应当养成习惯，每天在固定的时间里做这些事。”

我在心里盘算起来：这可不是件容易的事情，晚上我会犯困，白天又总有这种那种的事情要做。那么就只剩早晨了，看来我只能早起一会儿了……

“别忘了，只需要十分钟哟。”钱钱又看透了我的心思。

我点头答应了，虽然知道要坚持下去并不容易。我决定每天早起十分钟，快速洗漱完，趁着头脑清醒时写成功日记。

“还有，”钱钱毫不留情地继续说，“你知道为什么你没有去找那些图片吗？”接着，它不等我回答，就自顾自地说：“因为你没有遵循 72 小时法则。”

“72 小时法则？”我跟着重复了一遍。

“很简单。当你决定做一件事时，必须在 72 小时之内开始行动，否则就很有可能再也不会做了。”

我又陷入了沉思，难道这就是真正的症结所在吗？到目前为止，我在生活中计划过很多事情，大多都没有得到实施，不过也的确完成过一些。钱钱很可能是对的。嗯，它总是对的。

我决定以后一定要听从它的建议。一旦有了什么计划，我一定要在 72 小时之内行动起来。

第六章

债务——爸爸妈妈犯过的错误

突然，我想到了拿破仑。啊，该死，我竟然把它忘得一干二净！

我向钱钱提议，还是先去哈伦坎普先生家把拿破仑牵出来。我们决定晚饭后再讨论爸爸妈妈的债务问题，这个话题一定很有意思。不管怎么说，帮他们还清欠债，是我的三大梦想之一，而钱钱说过这并不难。我暗暗地想："好家伙，要是我能帮上爸爸妈妈，那可真是了不得。"我琢磨着，心里乐开了花。

哈伦坎普先生已经在窗前等着我了。拿破仑一见到我，就兴奋地冲我汪汪叫。我跟哈伦坎普先生打了个招呼，就牵着两只狗往森林走去。刚走进林子，拿破仑就像被毒蜘蛛叮了一下似的，疯狂地跑走了——它看见了一只小野兔，立刻一溜烟儿追了过去。

我吹响口哨，叫它回来。可拿破仑根本不听，它的眼里只有那只小野兔。我们只好等着。我暗暗发誓，一定要先教会拿破仑听命令。

过了差不多五到十分钟，它终于跑了回来。接下来，我们一起训练了半个下午。每当它取得一点小小的进步，我就使劲夸它，还给它很多奖励。钱钱也陪它一块儿训练，这对它很有帮助，几个小时之后，它已经能很好地完成“坐下”的指令了。

我把拿破仑牵了回去，跟老夫妇展示它新学会的本事。哈伦坎普夫人简直不敢相信，她激动地拍着手说：“我以为拿破仑根本学不会呢，没想到它能‘坐’得这么好。太不可思议了！”

老先生也满意地笑了。毕竟是他决定让我训练拿破仑的，看到我没让他失望，他也很欣慰。他从裤子口袋里拿出一张10欧元的钞票，郑重其事地递给我。

我把钱接过来，觉得有点惭愧。我只是做了一点点小事，就得到了这么多钱，更何况这份工作还带给了我很多快乐呢。

老先生有些失望地看着我说："我还以为你挣到钱会很开心呢，可你看起来并不快乐。"

"可是，这钱挣得实在是太容易了。"我有点不好意思地说。

他哈哈大笑起来，笑得脸都变形了，看上去有点吓人。不过，他很快平静下来，微笑地看着我，又恢复了亲切的样子："大部分人都认为工作是很艰苦的，是一种负担。其实，只有做自己真正喜欢的事情，才可能真正获得成功。"

哈伦坎普先生见我一脸疑问，知道我没有完全听懂，就用期待的眼神看着我，好像等着我发问。

"妈妈总是告诉我，'工作第一，玩耍第二'，您说的和她讲的完全不一样啊。"

"你认识的人里，有没有靠着做自己感兴趣的事情赚钱的？"老先生问道。

我马上想到了马塞尔。他喜欢骑自行车，于是做起了派送面包的生意。我把他的故事讲给老先生听，他赞许地点点头："他就是一个很好的例子，我认为他以后还会走得更远、生意做得更大。等有机会了，我跟你说说我的故事。我从来只做自己感兴趣的事情，而且从中获得了丰厚的报酬。"

我好奇地望着这位老先生。他的脸上仿佛写满了传奇冒险故事，他一定有着非常丰富又有趣的人生经历吧。

时间不早了,我必须得告辞了。妈妈在等着我回家吃饭，她准备了我最爱吃的奶酪焗意面，还有巧克力布丁做饭后甜点。可我吃得有点心不在焉。毕竟，你要是在这么短的时间内经历了这么多事情,一定也会像我这样的。无论如何，有一点我很确信：对钱感兴趣的人，会拥有更精彩纷呈的人生，也会结识非常有趣的朋友。

我很快做完了作业，随后赶紧和钱钱去了我们的森林秘密基地。我迫不及待地想要学习一下，究竟怎样才能帮助我的爸爸妈妈。

问题是，我几乎不清楚爸爸妈妈具体的财务状况，至少不了解其中的细节。我只知道他们有债务方面的麻烦，他们总是抱怨贷款的利息太高，快要付不起了。所以，我只能把我所知道的一切告诉钱钱。

“我以前的主人金先生拥有一家咨询公司，专门帮人解决财务方面的难题。”钱钱用意味深长的语气讲起它的故事，“金先生本人只给非常富有的顾客提供咨询，不过他的公司还有很多同事能为许多麻烦缠身的客人提供帮助。他经常带我去公司，我四处闲逛的时候听到过他们的谈话。从根本上讲，债务累累的人只要坚持四条重要的原则就能摆脱困境。这些原则非常简单。”

钱钱深深吸了一口气，继续解释：“这四条原则是：第一，有债务的人，应当注销所有的信用卡。”

“为什么？”我吃惊地问。

“因为大部分人在使用信用卡支付时，花掉的钱会比使用现金支付要多得多。”

我决定把这些建议用笔写下来，否则我怕自己记不住。

钱钱继续说：“第二条原则也许会让人觉得有些奇怪：分期付款的时候，每个月应该尽可能少地偿还贷款。分期付款额越高，每个月留给日常生活的花费就越少。”

“可为什么爸爸妈妈的分期付款额那么高呢？”我心里暗暗吃惊，因为我知道钱钱完全切中了要害——爸爸妈妈总是抱怨要用太多的钱来支付信用卡的分期付款。

“因为他们想尽早还清贷款，这样就可以少付利息了，”钱钱说，“设想一下，如果你贷款5000欧元，利息率是6%，那么你一年光利息就得支付300欧元。另外，你每年还得偿还这5000欧元（本金）中的一部分。假设你每年必须偿还5000欧元的1%，也就是50欧元，那么，你第一年要偿还的贷款就是300欧元的利息再加50欧元的本金，一共

350 欧元。当然，你已经结清的那部分贷款，以后就不需要再为此支付利息了。”

我暗想：“那人们想尽快还清 5000 欧元，也是很有道理的，因为支付的利息比本金还要多呢。”

“乍看起来是这样，”钱钱顺着我的念头往下讲，“如果每年偿还本金的 1%，虽然需要支付的利息逐年减少，但到贷款还清时，总共支付的利息仍然会是本金的大约三倍多。为了尽快还清 5000 欧元的贷款，人们当然会选择每年支付较高的分期付款，因此很多人和银行约定的分期付款数额是他们所能承受的上限，所以手里剩下的钱就会非常有限了。而大多数人都会低估日常生活的成本，当需要购置辆新车，或者家里有什么东西坏掉需要更换时，他们就得去申请新的贷款来支付账单。”

“你是说，他们通过申请新贷款来偿还旧贷款？”我惊讶地问。

“没错。”钱钱回答道。看得出来，它很高兴我这么快就领会了它的意思。

“那爸爸妈妈现在该怎么做呢？”我问，“他们肯定不会听我的呀。”

“也许你可以让他们去找金先生谈一谈，金先生能轻松地帮他们解决这个难题。”

“也许我能帮助他们多挣点钱。”我兴冲冲地补充道。

“你当然应该这么做。”钱钱说，“但首先，他们必须学会正确分配手头拥有的钱，否则有了更多的钱只会带来更大的麻烦，因为支出总是随着收入的增加而增加。我们要对钱进行合理分配，学会量入为出，这个问题我们晚点再谈。”

钱钱的话让我大受启发，我在小笔记本上记下：

1. 注销信用卡。

2. 在许可范围内按最低的分期付款金额标准支付。再问问金先生，能不能帮帮我的爸爸妈妈。

钱钱耐心地等我做好笔记，然后说出了第三点：“第三条原则是针对消费贷款的，也就是那些和房产没有关系的贷款。比如说，人们为购置新车、家具、电视或其他用于生活的商品而贷款。这时候贷款的人应该遵循五五开的原则，就是将不用于生活的那部分钱的一半存起来，另一半用来偿还贷款。”

“可奶奶总是说，我们应当尽快偿还债务。”我回忆道，“照这样来看，应当把所有不用于生活的钱全部拿去还债啊。”

“那么，当你把债务还清的时候，能达成什么目标呢？”钱钱问。

“爸爸妈妈总是说，到了那一天，他们就会感觉像卸下了千斤重担。”我这样跟钱钱解释。

“是会有这样的感觉。”钱钱附和说，“可事实上，当把债务全部还清时，他们只有一个孤零零的‘零’，也就是一无所有。而一无所有可不是我们的目标呀。”

我又吃了一惊：“那目标应该是什么呢？”

“去美国旅行，买笔记本电脑——这些才是目标。”钱钱耐心地说，“哪怕不把钱花出去，能攒下一笔也好呀。”

“如果不花掉钱，那攒钱又有什么意义呢？”我更疑惑了。

“这个问题过几天再给你解释。”钱钱有点敷衍，“现在我们还是回到债务问题上来，你的父母必须开始存钱。不必等到还清债务以后再攒钱，而是要现在立刻开始。只有这样，他们才有能力在无须申请新贷款的前提下，满足自己的消费欲望，那样他们才能心安理得地享受生活。”

“你是说，他们也可以给自己准备一个梦想储蓄罐？”

我提议道。

钱钱点点头：“这个主意不坏。另外，在我看来，所有的消费贷款都是不明智的。聪明的人只是把以前积攒的财富用于支出。”

这对我来说太有用了，于是我又记下了：

3.把扣除生活费用后所剩的一半存下来，剩下的一半用于支付消费贷款。最好不要去申请消费贷款。

“最后一条是，”钱钱的眼里含着笑意，“背负债务的人应当在钱包上贴一个字条，上面写着：‘这真的有必要吗？’这样一来，在结账前的最后时刻，他还能提醒自己不要花太多的钱。”

“所有没有聪明狗狗的人，都需要这样的忠告。”我大笑着说。钱钱愉快地摇晃着尾巴，甜甜地亲吻我的脸。我轻轻地拍了拍它，又记下第四条：

4.这真的有必要吗？

到目前为止，我已经努力学到了很多关于债务的知识，但要把这些教给爸爸妈妈，肯定会是一个更加艰巨的任务。听到钱钱提议让金先生和爸爸妈妈谈谈财务问题，我真高兴，可我和他还不太熟，只能继续等待合适的时机。

但是有一点我很确定：我绝不会借债。为了实现一个愿望，我要提前开始攒钱。我永远也不要陷入爸爸妈妈所处的困境。

加利福尼亚

第七章

拜访金先生

接下来的几天过得飞快。我终于又能专心地上课了。每天放学后，我照常继续训练拿破仑。上一个周末，哈伦坎普先生一共付给了我 7 欧元，也就是每天 1 欧元。另外，他又额外给了我 30 欧元，因为我教会了拿破仑三个本领——它已经学会了“坐下”、“躺下”和“握手”。

我骄傲地清点着自己挣来的钱：整整 37 欧元！可真不少啊。现在，我不再感到愧疚了，而是安心地享受着自己的劳动所得，因为哈伦坎普一家和拿破仑的相处真的轻松了太多了。

他们对我也十分满意，甚至问我愿不愿意早上多帮他们遛一次狗。当然，他们也会每天再多支付给我 1 欧元。

我征求了爸爸妈妈的意见，他们同意了。

钱钱说过,对于如何管理这笔收入,它有个绝妙的主意。于是，我小心翼翼地把钱夹在了一个旧作业本里。

不过，有一件事比挣到这么多钱更令我激动：今天，金先生的司机要来接我和钱钱了。我已经迫不及待了，我多想能深入了解一下这位富有的先生呀。

下午三点一刻，门铃准时响起。让我吃惊的是，原来司机是位中年女士。她一见到我，便露出和善的笑容。我们一起上了一辆劳斯莱斯。我对她说，我还以为司机都是男人呢。她一听就笑了，说：“金先生不是个寻常人，做事也总是不同寻常。他不在乎别人做什么，他只做自己认为正确的事情。”

司机的话激起了我的好奇心，她好像看透了我的心思，继续说道：“有一次，我和朋友聊天时说起我失业了，恰巧被金先生听见了。他以前并不认识我，却直接问我会不会开车。我说当然会啦。于是他爽快地说：‘那好，我正在找司机呢，如果您愿意，立刻就能得到这份工作。’就这样，他也没让我试驾一下，就把这份工作给了我。他看人总是非常准，全凭自己的直觉，那是他内心的声音，或者说‘第六感’。”

金先生果然不同凡响。我又问司机：“您开这么大一辆汽车，不会害怕吗？”

“你知道吗，”她自顾自地继续说，“是金先生教会了我如何建立自信。所有和他一起工作的人，都得写成功日记。”

“我也写啊。”我兴奋地大声嚷嚷道。这下轮到司机大吃一惊了。我骄傲地抚摸着钱钱，它飞快地舔了一下我的脸。我暗暗想着，无论如何也得让它改掉这个坏习惯。

我们终于到了疗养院。我一向不喜欢医院，不过这里看起来更像一个奢华的度假酒店。也许这就是有钱的好处之一吧。司机把我们带到了金先生的房间。他正坐在沙发上，看起来心情好极了。钱钱立刻摇着尾巴跑向他，凑上去舔他的脸。

“它对我也这样。”我开口说，“我正打算帮它改掉这个坏习惯。”

“很高兴你能来。”金先生对我表示了欢迎。

“我也一直盼望着见到您！”我说。我心底确实是这么想的，虽然压根说不清到底是为什么。也许是因为我希望能搞明白，为什么钱钱会说话吧。

金先生小心地逗着钱钱玩了一会儿。看得出来，一旦动作幅度大一点，他的伤口就会疼。不过，钱钱给他带来的欢乐显然超过了痛苦。

过了一会儿，他又看着我，说想知道关于钱钱的一切近况。我告诉了他钱钱都吃些什么，我们多久外出散一次步，等等。连钱钱帮我训练拿破仑的事情，我也一五一十说给他听了。

金先生满意地点点头："第一次见到你的时候，我就知道你很擅长照顾小动物。你应当为这个感到自豪。"

"明天一早，我一定把您的话写进我的成功日记里。"我脱口而出。

金先生惊讶地看着我："你也写成功日记？你是怎么想到要这样做的？"

我的脸一下子涨得通红。我该怎么跟他解释呢？我可不能泄露秘密，不能告诉他钱钱不但会说话，而且教会了我许多知识。

他感觉到了我的窘迫，立刻收起疑问的表情，对我说："我们也可以不谈这个话题。"

"不，不，"我立刻决定对他实话实说，"我只是不能告诉您，是谁给我出了这么个主意。"

令我吃惊的是，金先生没有继续追问下去，而是表示了理解："我也有自己的秘密，所以和我说话的人当然也可以有自己的秘密。”

他的这番话让我心里畅快极了。显然，这位富有的先生很尊重我。

不过，金先生却若有所思地看着我说：“我总感觉你和大多数小孩很不一样，可又说不上来到底哪里不一样。你能告诉我吗？”

我思考了一会儿。在遇见钱钱之前，对于这个问题我可能根本无话可说，因为那时的我真是再“正常”不过了。而现在，很多事情都不一样了。于是，我回答道：“我思考的问题不一样。我想赚很多钱，因为我想去加利福尼亚，还想买一个笔记本电脑。”我告诉了金先生我的十大愿望清单，我的梦想储蓄罐和梦想相册，我第一个星期训练拿破仑挣了多少钱，甚至还有爸爸妈妈面临的财务危机，以及堂哥马塞尔赚钱的经历。

金先生很善于倾听，他全神贯注地听我说完后，向我祝贺道：“吉娅，我很高兴你对我说了这一切。我很肯定，你一定能实现你的目标。你现在需要做的，就是避免任何人动摇你的决心。”

“妈妈已经嘲笑过我了。”我打断了他，向他说了妈妈发现梦想储蓄罐时的情形。

“以后还会有各种各样的人嘲笑你，但也会有更多的人认可你。”金先生安慰我说，“不过我想，你妈妈并没有恶意，她也许只是觉得你的想法太疯狂了，不切实际。但是，疯狂的目标也不见得就比普通的、微小的目标更难实现。如果你树立了远大的目标，那毫无疑问，你就必须为此付出极大的努力。”

这时，钱钱跑到了花园里，在灌木丛里跳来跳去。

过了一会儿，这位富有的先生继续说：“有件重要的事还没说呢：你照顾了钱钱这么长时间，我非常乐意为此支付酬劳。”

“钱钱的食物是我的爸爸妈妈买的，不是我。再说，我也非常喜欢钱钱。”我回答。

“要我说，”金先生仍然固执己见，“我给你开张支票吧，请你转交给爸爸妈妈。还有，你和他们一起来一次吧，或许，我可以和他们聊聊他们的财务状况。”

他竟然主动提出了这个建议，这真让我如释重负，因为我已经翻来覆去想了很久，却一直不知道该怎么开口，请他为爸爸妈妈出出主意。

金先生接着又说：“当然，你也应该获得回报，这是理所应当的……让我算一算……你照顾钱钱很长时间了，已经一年多了。不如我按每天5欧元付给你报酬，你觉得怎么样？”

我很不高兴，气冲冲地说：“我很愿意照顾钱钱，是因为我一见到它就非常喜欢它，可不是为了挣什么钱。”

金先生笑了，但我觉得他并不是在嘲笑我。他向我解释说：“吉娅，很多人都是这么想的，我以前也是。你能告诉我一个理由吗？为什么你做了喜欢的事情，就不应当获得金钱上的回报呢？”

这话实在是太耳熟了。对了，马塞尔和哈伦坎普先生都说过。尽管如此，我还是觉得不能坦然接受。

“我想跟你说的是，”金先生继续说，“恰恰因为你喜欢钱钱，我才愿意每天付给你5欧元，因为我确信你会一直好好照顾它。正因为你真心付出了，你的‘工作’才有价值。”

我并没有完全被他说服，但还是忍不住在心里算了算一年能得到多少钱……

我有个不好的习惯，每当心算时，总是忍不住眯起眼睛，轻轻地摇头。金先生好像看穿了我的心思，放声笑了起来。

笑完，他郑重其事地对我说：“对哟，这是很大一笔钱。希望你能答应我一个条件：把其中的一半存起来。”

“我要全部存起来！”我欢呼道，“我最想做的，就是明年夏天去旧金山！”

“我说的‘存钱’不是这个意思，”他不太赞同，“因为你还是会把钱花出去。这没什么不对，赚钱就是为了花掉嘛。除此之外，如果你想变得富有，你同时还要存下一笔钱，一笔绝不会再花出去的钱。”

“要是不能花这笔钱，那我存它干什么呢？”我不太明白。

“让它成为你的生活来源。”金先生解释说，“我给你讲个故事吧。”

我最喜欢听故事了，于是赶紧端端正正坐好。这时，钱钱也回来了，在我们旁边趴了下来。看起来，它也对我们讨论的话题非常感兴趣。

“从前，有一个年轻的农夫，他每天早上都从鹅棚里取一个鹅蛋做早饭。有一天，他在鹅棚里发现了一个金蛋。当然，一开始他也不敢相信这是真的，还以为是谁跟他搞的恶作剧。为了慎重起见，他拿着这个金蛋去找金匠鉴别。金匠告诉他，这的的确确是一个纯金的蛋。于是，农夫就卖掉了金蛋，还举办了一场盛大的庆祝宴会。

“第二天一早，他比平时更早地来到鹅棚，果然，那里又出现了一个金蛋。之后好几天都是如此。不过，这个农夫是个贪心的人。他冲着鹅大发脾气，骂‘这只蠢货’为什么不能告诉他怎么才能生出金蛋，要不然，没准他自己也能弄出金蛋来。他怒气冲冲地想，为什么这只大懒鹅不能一天生两个金蛋呢？鹅现在下蛋的速度实在太慢了。最后，他按捺不住自己的怒火，冲进鹅棚，把那只大白鹅宰掉了。从这以后，他一个金蛋也没有了。这个故事告诉我们什么呢？——不要杀死你的‘鹅’。”

金先生讲完故事，把身体往后一靠，等着我的反应。

我被这个故事深深吸引住了，忍不住喊道：“这个人真是太蠢了！这下，他一个金蛋也得不到了。”

金先生显然很满意我的回答。钱钱也轻轻地摇了摇尾巴。“你不会像他那样做的，对吗？”这位富有的先生问我。

“当然不会啦，”我很肯定地回答，“我可不是傻瓜。”

“那我再给你说说这个故事有什么寓意。”金先生放慢了语速，“‘鹅’代表着你的金钱。如果你把照顾钱钱的这笔收入存起来，就能得到利息，利息就相当于金蛋。”

我不确定自己是不是听懂了他的话，可他继续说了下去：“大部分人出生时都没能拥有‘鹅’，也就是说，他们的钱不足以让他们依靠利息生活……”

“要靠利息生活，得有很多很多的钱才行吧。”我这样想着，打断了金先生的话。

“其实啊，需要的钱可能比你想象的要少很多。”金先生回答，“如果你有 15000 欧元，能获得 10% 的年利息的话，那每年就能赚到 1500 欧元。”

“哇哦！”我激动地叫出声来，“那平均下来，每个月就是 125 欧元，而原来的 15000 欧元还存在那儿，一分未动。”

“是啊，”金先生立刻附和道，“这 15000 欧元就是你的‘鹅’，你肯定不会愿意杀掉它的。”

我太喜欢这个想法了，但还是有点顾虑：“如果现在就开始为了我的‘鹅’攒钱，那我去加利福尼亚的日子就得延后很久了。”

金先生点点头说：“所以，你必须做出选择。你可以着急忙慌地花掉每一笔钱，一旦攒够 1500 欧元就飞去加利福尼亚，但这样一来，就等于杀死了你的‘小鹅’；你还可以选择攒下一部分钱，等过了一段时间，光靠利息就能一年去一次加利福尼亚了。”

我觉得很有道理，可我还是希望明年夏天就去加州。当然，我也想拥有一只那样的“鹅”。怎么才能两全其美呢？我叹了口气，说：“一边是能生金蛋的‘鹅’，一边是我的愿望，要在它们之间做取舍，实在是太难了。”

“你完全没必要将这两件事对立起来，它们不矛盾啊。”金先生笑着说，“比如，你挣了 5 欧元，那么你可以把这笔钱分配一下，其中的大部分存进银行，一部分放进你的梦想储蓄罐，剩下的拿来零花。”

是啊，这的确是个办法。于是，我立刻开始考虑怎样分配这 5 欧元才最合适。这也不容易啊。

“到底该怎么分配呢？”我忍不住请教眼前这位富有的先生。

他马上回答说：“这得根据你的目标来决定。如果你能一直为‘鹅’存下 10% 的钱，那你迟早会变得富有。但如果你希望有一天真的拥有很多很多钱，你存的比例可能得再高一点。我自己的习惯是，不论挣到多少钱，都为我的‘鹅’存下收入的 50%。”

我决心把金先生当成我的榜样。我喜欢他这样的生活，而且他看起来总是心情明媚，尽管有时候他的伤口肯定很疼。于是，我坚定地说：“我知道要怎么分配我的钱了：为‘鹅’存下一半的钱，为梦想储蓄罐存下 40%，剩下的 10% 用于开销。”

金先生看着我，露出了赞许的神情。我也对自己的决定得意极了。不过，我还有一点疑问：“如果存下收入的

10% 就能变得富有，那为什么还有那么多人为钱发愁呢？”

“那是因为他们从来就没有想过这个问题。”他向我解释说，“我们最好从很小的时候就开始攒钱，很快，这自然而然就会变成一种习惯。你也最好赶快行动，下个星期就去银行开个账户。下一次见面时，我会教你能用账户做些什么，再给你开一张可以兑现的支票。不过，现在你们该回家了，快到吃晚饭的时间了，我也有点累了。”

看得出来，金先生的疼痛加剧了。我着实佩服他能始终保持着好心情，那么耐心地为我解释这些。但我还是忍不住问他，为什么一点都不提自己的伤痛。

金先生说：“我越是关注自己身上的伤痛，疼痛就会越剧烈。谈论伤痛，就像在伤口上再撒上一把盐。所以，从很多年以前，我就不再抱怨了。”

我诚恳地感谢他给我的种种建议，还告诉他，我为自己感到骄傲，然后向他道别。分别的时候，金先生摸了摸钱钱。然后，那位和蔼可亲的女司机把我们送回了家。

金融

第八章

特伦夫太太的邀请

一回到家，我立即冲进自己的房间，真不想等到明天早上再去写成功日记了！我一口气写下：

1. 我很快就听懂了金先生给我讲解的事情。

2. 我做了个很棒的决定：要把所有挣到的钱的一半存下来。

3. 我将拥有一只“鹅”。我现在明白了富有意味着什么。

4. 我平生第一次坐上了劳斯莱斯汽车。

5. 我上周挣到了 37 欧元。（为我的“鹅”存下其中的 18.5 欧元；存进 2 个梦想储蓄罐共 14.8 欧元，也就是每个储蓄罐 7.4 欧元；3.7 欧元作为零花钱。）

6. 金先生夸奖了我。

7. 我下周会得到照顾钱钱的报酬。413天，每天5欧元，一共是2065欧元。简直不可思议！

我虽然还是不能完全确定，写下的这些是否都算“成果”，但记录这些事情的感觉真是好极了。我很自豪，也越来越自信了。我决定在吃晚饭时，试着和爸爸妈妈聊一聊他们的债务问题，就在一张纸条上写下了应对债务的四条建议，把它塞进裤兜里，离开了房间。

等大家在饭桌边坐下，我兴奋地拿出了金先生开给爸爸妈妈的支票。爸爸把支票接过去，看了看金额，吃惊地大叫起来：“整整1000欧元！这是怎么来的？”

“这是用来支付这段时间我们给钱钱买的食物。”我解释说。

“真不知道我们该不该接受这笔钱，”妈妈说，“说到底，我们一直把钱钱当自家的狗来养。”

“可这笔钱的确能够派上用场啊。”爸爸嘟囔着说，“我们还有一笔贷款没还清呢，1000欧元总能帮上一点忙。”

“如果是我，我会拿500欧元去还贷款，剩下的500欧元存起来。”我忍不住说。

爸爸妈妈放下了手中的刀叉，死死地盯着我。那神情，就像看见我把一整碗汤打翻到了地上。

“你瞧，”爸爸的话里带着讥讽，“我们的女儿刚坐过一次劳斯莱斯，现在俨然就是一个金融天才了。苏珊娜，真不知道我们的吉娅现在和这样的人打交道到底好不好。”

我非常生气，伸着脖子嚷道：“用最少的还款数额偿还贷款，才是明智的做法！”

“那是当然，这样我们就可以一辈子都支付利息喽。”爸爸针锋相对。

我紧咬嘴唇，怎么也想不起来钱钱是怎么给我解释的了。我只记得它说过，很多人为了偿还旧的贷款，不得不去申请新的贷款。我暗暗地想着：“还是等以后再和他们说吧，到那时，我从美国回来了，还养肥了一只‘大鹅’。”

“小孩子哪懂什么钱。”爸爸嘀咕着。

我实在按捺不住，腾地站起来，说：“有个叫达瑞的美国小孩，17 岁就挣了几百万美元。你还挣不了这么多呢。有一天，我也会变得非常有钱的！”

“也许他的钱是继承来的呢。”爸爸猜测。

“是他自己挣的，就像我也会自己挣钱一样。”我激动地说。

妈妈忧心忡忡地看着我：“吉娅，别说这种大话。我们可不是挣大钱的人哪。还有，金钱会带给人不幸，知足才能常乐。别忘了：不是含着金汤匙出生的人，就别痴心妄想了。”

我不相信。金先生看起来非常幸福，倒是爸爸妈妈常常愁眉苦脸。我的直觉告诉我，没有钱才更不幸呢。但我忍住了，没再吭声，静静地吃完了晚饭。

晚饭后，我可没有兴趣继续待在家里，就给莫妮卡打了个电话，想约她见一面。她还没吃晚饭呢，我们就约好一个小时后再见。趁着这段时间，我打算自己出去散散步，就往哈伦坎普先生家走去，顺便和拿破仑打个招呼。

哈伦坎普先生看见了我，把我叫进屋，问道：“你还有时间再照顾一只狗吗？”

“当然有啦。”我毫不犹豫地回答。

“是这样，今天早上我和特伦夫太太聊天来着，”哈伦坎普先生神秘兮兮地继续说，“这位太太养了只高大的德国牧羊犬，叫比安卡。她很想出去旅行两个星期，但不知道该怎么安置比安卡。正好她听说你把拿破仑训练得很好，就让我来问问你。你最好马上去她家，直接和她谈谈。”

我认识特伦夫太太。她很爱说话，每次路过她家，她总想和我搭话聊天，但我和钱钱总是飞快地跑开，因为她家的房子看起来太像女巫的小屋了。

我还没走到特伦夫太太家，就看见她已经迎出来了，应该是哈伦坎普先生给她打了电话，告诉她我要过来吧。我们一起进了屋——屋里真是一团乱糟糟！我立刻不觉得拘束了。到处都是剪报和书本，墙上挂满了画着奇怪曲线的表格，还有两台电视机同时开着。

特伦夫太太注意到我在四处打量，解释说："我喜欢看金融书籍和证券杂志，这算是我的一个业余爱好。我丈夫去世时，给我留下了一大笔钱，我不知道该拿这些钱做什么。就是从那个时候起，我开始学习理财投资。这真是一件非常激动人心的事情，财富的增长速度超出了我的想象。"

这是我第一次希望特伦夫太太再多说点什么，但她可能以为我对这个话题没什么兴趣。

于是，我们开始说起比安卡。这位老太太好几年前就想出门度假，但一直没能找到人帮忙照看比安卡。牧羊犬比安卡虽然性情温驯，却异常高大，满身浓密的毛发看起来也有些吓人。也许很多人都害怕它吧，所以当我表示我有兴趣时，特伦夫太太很是感激。她提出，狗粮都由她来购买，她付给我每天5欧元的报酬。我当然一口答应，但还得征求一下爸爸妈妈的意见，毕竟比安卡得和我们一起住上两个星期。

随后，我便告辞了。和莫妮卡约好的时间到了，我有好多话想对她说。我告诉她我挣到了钱，给她讲了金先生的故事，还说了我会如何分配和安排我的收入。

莫妮卡既吃惊又佩服："你是怎么做到的，真了不起！"她略略想了一下，又说："如果你的事情多，我可以帮忙。我可以给你干活。"

我忍不住笑了起来。莫妮卡的爸爸妈妈都很有钱，所以她总是穿着漂亮的衣服。现在她竟然想给我干活，这真是太滑稽了。

天快要黑了，我准备回家了，我想尽快和爸爸妈妈说说比安卡的事情。爸爸一开始不太乐意，他担心我会没有时间专心学习。但这一次，妈妈站在了我这边。

刚说完，电话铃响了。妈妈拿起电话，有些诧异地叫我说："马塞尔找你。"马塞尔还从没给我打过电话呢。

没想到，这次我们两个竟然有聊不完的话题。我说了我的收入和我的新工作，还告诉他金先生教会了我如何分配挣来的钱。

"啊，现在我可以说，"马塞尔在电话那头兴致勃勃地说，

“你再也不是洋娃娃脑袋了。这个分配钱的主意真是不错，我怎么就没想到呢，我把所有的钱都放在银行账户上了。”

“我也得开个银行账户，”我自言自语说，“金先生要给我开支票。可我该怎么做呢？”

“要是你愿意，明天我可以过来帮你。”马塞尔提议。我有点不敢相信自己的耳朵，马塞尔总是一副拒人千里之外的样子，没想到他竟会主动提出要帮我。说起来，他家离我家只有7公里，但他从没来看过我，即便他爸爸妈妈来我们家串门，他也宁愿自己在家里待着。

“你要来找我？”我仍然不敢相信，“前不久你还老是躲着我呢。”

“那是因为我只愿意和我佩服的人打交道。”他若无其事地说，“这是你头一次让我感到佩服。”

我真是骄傲极了！

“我已经有好几个员工了，”马塞尔说话真像个大人，“一些邻居家的男孩子也在帮我送面包，因为现有的顾客已经超过50人了，我自己一个人根本顾不过来。”

我又想起了莫妮卡，她说过想帮我的忙。眼下我得照顾钱钱、拿破仑和比安卡，肯定有用得着她的地方。

我挂断了电话，期待着明天和马塞尔见面。我给钱钱梳了梳毛，它最喜欢这样了。然后，我爬上床，很快进入了梦乡。

半夜时分，我做了个噩梦，一身冷汗地醒了过来。我梦见一群凶巴巴的人追着我跑，想要杀死钱钱；莫妮卡和马塞尔也出现在梦里，他们想帮忙却使不上劲。我吓得有好半天都在浑身发抖，钱钱也好像觉察到了什么，跳到床上舔着我的手。我紧紧地搂住它。这样的梦可不是什么好兆头。明天一定要小心行事呀，想着想着，我终于再次进入了梦乡。

账户开设
吉娅

第九章

冒险开始了

第二天一大早，我就感觉不对劲。天气糟透了，昨天晚上的噩梦也让我精疲力竭。爸爸起床晚了，还占着卫生间没出来。我不想浪费时间，便去拿成功日记，没想到本子居然不在老地方。我狠狠地盯着钱钱，它却装出一副毫不知情的样子。

“好啊，”我心想，“你这个坏蛋！我就知道一定是你，快还给我！”

钱钱却想捉弄我，才不会轻易放过我呢。它朝门厅撒腿就跑，原来它把日记藏在了那儿呀。它找出笔记本叼在嘴里，挑衅似的看向我。我试图去追它，把日记抢过来，但钱钱的速度太快了，我朝它奋力一跃，它灵巧地闪身躲开了。砰的一声，我结结实实地摔在了爸爸用火柴搭建的轮船模型半成品上。巨大的声响引来了爸爸妈妈。爸爸一看清楚发生了什么事，就疯了一样大声咆哮道：“四个月的心血呀,全被你给毁了！”完了,火柴模型已经支离破碎了。我心里难过极了，可我真的不是故意的。我不由想起了昨晚的噩梦。今天这头开得可真“好”啊。

接着，我没赶上校车，上学又迟到了。

放学后，我吃过饭就去接拿破仑。我对哈伦坎普夫妇说,今天要晚一点送拿破仑回家,他们同意了。下午三点钟，马塞尔过来了。我同时也约上了莫妮卡，这样，她可以在我和马塞尔说话的时候，帮忙照看这些小狗。

然后，我和马塞尔一起去特伦夫太太家接比安卡。她把我们请进客厅，仔仔细细地告诉我该怎样照顾她心爱的宠物。我们说话时，马塞尔在房间里东看看、西看看。他一张张地看了挂在墙上的图表，然后吹了一声口哨，表示赞叹。

“您投资股票。”他非常专业地判断道。

特伦夫太太惊奇地看着我的堂哥，问：“你会看股票走势图？”

“不不，我爸爸经常投资股票，我偶尔也跟着学了一些。

他总是说，没有什么比股市更能挣钱了，但这事对我来说太复杂了，工作量也太大。”马塞尔回答。

“你说得没错。买卖股票可没那么容易，每天少说也得花上一两个小时，所以得真正喜欢才行。”老太太笑着说，“当然了，也可以请人代劳，这样事情就简单多了，而我们照样可以获得收益。”

马塞尔立刻来了精神：“听起来很不错，可究竟该怎么做呢？”

“我很乐意仔细给你讲一讲，”特伦夫太太告诉他，“只是这需要一些时间，而我的飞机几个小时之后就要起飞了。所以，我提议，等我度假回来再好好给你解释。”

“我也非常感兴趣。”我赶紧说。

特伦夫太太又想起了些别的事情，她说：“吉娅，我不在家时，你能给我养的植物浇两三次水吗？”我点点头，表示乐意效劳。随后我们和特伦夫太太告了别，把比安卡带回了家。

然后，我和马塞尔来到了储蓄银行，我激动得心怦怦直跳。我马上就要拥有自己的第一个账户了！虽说我有一个存折，爷爷奶奶会时不时往里面存点钱，但那和一个真正属于自己的账户完全不是一回事儿。跨进银行大门的瞬间，我就感觉自己已经是个大人了。银行里一片忙碌的景象，有很多人在排队，我正打算排在最短的队伍后面时，马塞尔一把拉住了我："等等，你得先选个靠谱的银行顾问。"

"我怎么知道谁比较好呢？"我愣住了。

马塞尔笑道："找个和你最合得来的人。你仔细瞧瞧，也许会发现有人看起来特别可亲。"

我走到队伍前面去，挨个看了看正在工作的银行职员，他们大多数看起来都不开心，无精打采的，其中一位显得特别匆忙紧张——我还真是有点害怕他。终于，我发现了一位和我妈妈年纪相仿的女士，她看起来非常友好，我立刻喜欢上了她。

"那我们可得慢慢等喽。"看着她面前长长的队伍，马塞尔给我打预防针。

"等待是世界上最愚蠢的事情，"马塞尔又说，"我们得想想怎么才能不浪费时间。"

我们想到了一个主意，我可以趁这段时间聊一聊我打算如何分配我的钱。当然，我还给他讲了"鹅与金蛋"的故事。

"比我想象的还酷！"马塞尔兴奋地大声说，"太对了！如果我只知道花光钱，就永远不能拥有我的'鹅'；如果没有‘鹅’，那我就得一直为了赚钱而工作；如果有了‘鹅’，就可以让钱自动为我工作了。”

“你说得真好，”我答道，“金先生就是这样，他让钱为自己工作。你想想看，出车祸之后他有多长时间都没法工作了，可他还是能毫不费力地支付各种账单。我爸爸却老是说，只要两个月不挣钱，一切就全完了，就是说，那样的话，我们就得卖掉房子了。”

“是啊，金先生能过上这样的好生活，完全是因为他养了一只‘大肥鹅’，你爸爸却连根鹅毛也没有。”

我们你一句我一句地聊起来，时间一晃就过去了。轮到了我们时，那位和善的顾问女士问我们有什么需求。

“我想给我的‘鹅’开一个账户。”我说。

“你给谁开账户？”她惊呆了。

马塞尔放声大笑，我真恨不得打他一拳，但很快也被他的笑声感染了。等他笑完后，我们相互做了自我介绍，原来这位女士名叫海娜。随后,她问我为什么要给一只“鹅”开设银行账户。我只好又讲了一遍“鹅与金蛋”的故事，这次讲得非常熟练。

海娜女士听得津津有味，听完她激动地说：“我听过不少教小孩如何对待金钱的故事，但这是最好听的一个。”她想了想，又说：“也许这个故事同样适合成年人。不管怎么样，我会尽我所能支持你。”

于是，她帮我开设了一个免费的账户，也就是说，银行为我提供所有与账户相关的服务，而我一分钱也不用付。这真是最好不过了。

更令我吃惊的是，原来开设账户是这么简单。我只需要出示我的护照，等海娜女士填好一张表后，我或我的监护人签上名字就可以了，甚至不需要马塞尔帮忙。但他能陪我来也不错，我们在一起很开心。

随后，我郑重地从口袋里拿出 18.5 欧元，存进了新开的账户里。我在心里默念着自己想出来的咒语：“小鹅，小鹅，快快长大！”

这一切真是太有趣了。开完户，我们从银行出来，走上回家的路。我边走边想：真好，找到了这样一位亲切又和善的顾问，真想再次见到她。

不过，我们得快点赶回家，还不知道莫妮卡和三只狗相处得怎么样呢，毕竟她和狗打交道的经验并不多。虽然她也有一只淘气的小哈巴狗威利，但照顾大狗完全是另一回事。

事实证明，我的担心是多余的，莫妮卡在家开开心心地迎接我们，一切都完美极了。我们又一起去森林里玩，玩得非常尽兴，连回家的时间都忘了。

等我们往回走时，天色已经暗下来了。我请求他们俩陪我去取比安卡的食物，那些东西就放在特伦夫太太家的后院里，三个人一起拿会轻松许多。

我们来到了那栋“女巫小屋”跟前。这儿离我家有几百米远，就在森林边上。院子里看起来有些荒芜，因为特伦夫太太很多年没有修剪过那些树和灌木了。我们小心翼翼地穿过灌木丛，绕到房子后面，特伦夫太太说过，她会将食物放在那儿的露台上。

这时，天已经全黑了。虽然我们带着钱钱、拿破仑和比安卡，但心里还是有点发怵。威利在场一点儿也不能增加我们的安全感,它看起来胆子最小,一直紧紧挨着比安卡。我们都不说一句话，就连莫妮卡也沉默不语，这可太不同寻常了。突然,我明白我们为什么会害怕了:四处一片死寂!我们不由得屏住了呼吸……

我们悄无声息地往前走，时不时还会被树枝绊一下脚。终于来到了后院，比安卡的食物果然放在露台上，可我们总觉得有什么不对劲，战战兢兢地四下张望，突然，狗开始叫了起来。比安卡朝露台上的门冲了过去，我们的目光一直追随着它的身影，结果发现那房门竟然虚掩着。比安卡用鼻子顶开门,冲着房子里叫了几声。随后,它跳进屋里，它的叫声很快弱了下去，渐渐越来越弱，仿佛是从很远的地方传来似的，最后，四下里又彻底安静了。

我们等了一会儿，比安卡没有回来。我们轻轻地叫它，也没有听见回应。这下,我们吓坏了,呆若木鸡地立在原地。我悄悄地看向身旁，莫妮卡脸色惨白，小哈巴狗扑进她的怀里，她紧紧地抱住了它，脸上满是惊恐的表情。

马塞尔第一个回过神来。他示意我看管好钱钱和拿破仑，我点点头，拉紧了它俩的项圈，在这一刻，我无比庆幸自己训练好了拿破仑。

马塞尔贴着墙，慢慢向门口挪过去。他小心翼翼地跨进屋子，把屋里的灯打开了。等到他重新出现在门口时，时间其实只过去了一小会儿，我们却好像等了一个世纪那么久。他招手让我们过去,悄声说:“好像没什么不对劲的。”于是，我蹑手蹑脚地牵着两只狗走了过去。

“我是绝对不会进去的。”莫妮卡突然说。

“那好，你就在这儿等着吧。”马塞尔同意了。

可莫妮卡马上又改了主意，因为她发现一个人待在露台上更可怕。她跟着我们走进房子，一起来到了客厅里，这回，里面一片凌乱，没有了以前那种舒适和随意的感觉，而隐隐透着危险的气息。

“有人闯进来了。”马塞尔做出了判断。

“不是吧，屋子里本来就很乱。”我轻轻地说。

马塞尔不同意我的看法：“你看，门被撬开过。”

他是对的,门框上有明显的损坏痕迹。这时我才意识到，为什么这个杂乱的房间让人觉得不太舒服：墙上所有的图表都被摘了下来，家具也挪动了位置，看起来就像是有间谍片中的密探刚刚翻找过微缩胶片似的。我想起了昨天晚上的噩梦，不是说今天要小心行事吗？可现在，我走进了一座地处偏僻的房子，正站在它遭盗贼破门而入的客厅里。那个盗贼会不会还在屋子里？我的心都快从嗓子眼儿里跳出来了。

突然，我们听见老旧的木地板上传来了脚步声。我吓得仿佛浑身的血液都要凝固了。吱咯吱咯的脚步声越来越近，马塞尔迅速观察了一下四周，抄起沙发边的旧望远镜，准备用来当武器。突然，客厅的门吱呀一声，打开了一道几厘米宽的小缝，我们吓得四下逃开，莫妮卡不禁失声尖叫起来。这时，比安卡从门缝里探出了大脑袋，我们终于松了一口气——竟然把它给忘了！钱钱和拿破仑欢欢喜喜地迎了上去。

又是马塞尔第一个做出了判断。“不管是谁来过，看来在我们来时都已经逃走了，要不然这些狗不会这么安静。”我看了看钱钱，它一点也没有显出烦躁不安的样子。我伸手抱起它，觉得心里安稳了许多。威利也从莫妮卡的怀里跳出来，安静地在墙角嗅来嗅去。

信封

第十章

在古老的地下室

我们慢慢没那么害怕了，决定检查一下这栋房子。莫妮卡想先报警，但我和马塞尔觉得等一会儿再叫警察也不迟，冒险的渴望在我们心里占了上风。我们小心地开始巡查，走过了所有的房间，所到之处都是一片狼藉，除此之外，并没有别的反常之处。

“还记得吗，比安卡跑进了房子，它的叫声像是从很远的地方传来的。”马塞尔问。

“肯定在什么地方有一个很深的地下室，”莫妮卡哆哆嗦嗦地说，“没准还有个地牢……”

听到这话，我笑出了声，不过心里也有些忐忑不安。我们又在屋里转了一圈，想找到地下室的入口，过了很久，才终于发现了地下室的门。那扇门就在楼梯底下，只不过看上去像个柜门。门很轻，也没有上锁。我们轻手轻脚地打开门，朝里面张望，发现还有一段陡峭的楼梯直通下面。我们想找找电灯开关，但怎么也找不着。

“我在客厅见到过几根蜡烛。”我突然想起来。马塞尔点了点头。

我们赶紧折回客厅去取蜡烛。莫妮卡一边点蜡烛，一边劝阻说：“你们真打算下去吗？我可不去。”

“好吧，”马塞尔说，“那你就带着威利和拿破仑在这儿等着。我和吉娅带比安卡和钱钱去地下室看看。”

我其实也想和莫妮卡一道留在上面，可又实在好奇下面能发现什么东西。再说，我也不想在堂哥面前露怯，他才刚刚开始佩服我呢。就这样，我和马塞尔牵着狗小心翼翼地往楼梯下走去。这个地下室一定历史非常悠久，烛光映照着裸露的墙砖，阴森极了。

我们终于到了楼梯尽头。地下室非常大，堆的都是些破烂杂物，还有许多塞满了瓶瓶罐罐的架子。天花板特别低，马塞尔不得不微微低着头。我们警觉地察看着各个角落，但没发现什么特别的地方。

“这儿没有什么东西。”我小声说。

马塞尔却指了指架子后面墙上的一扇小门，我吃了一惊——我压根没发现那儿还有一扇门！我们小心翼翼地挪开架子，免得那些瓶子罐子砸下来。门前没了遮挡，我们试着去推门，可是门被牢牢锁住了。马塞尔脸上流露出失望的神情："没办法了。真可惜，我还想看看这扇门后面藏着什么秘密呢。"

"没准藏着宝藏呢。"我开玩笑说。

马塞尔扑哧一笑，说："没错，就像美国诺克斯堡的军事基地一样，里面藏着好多金子。"

这时，比安卡用鼻子使劲蹭我，嘴里还衔着个黑乎乎的东西。我仔细一看，原来是一把钥匙。它摇了摇尾巴，把钥匙扔在地上。"聪明的小狗，"我赶紧夸奖它，"看来是经常为主人取钥匙吧。"我们都丝毫没有注意到，比安卡到底是从哪儿找来的钥匙。

马塞尔捡起钥匙，慢慢打开了门。门一开，我们举着蜡烛走了进去。里面的房间比外面那间要小些，除了一只箱子外空无一物。马塞尔朝箱子走去，发现这只箱子是用结实的木头做成的，四周包着铁皮，前面挂着一把锁。马塞尔看了一下锁，笑了："这种锁，我不费吹灰之力就能打开。"

我还在犹豫我们有没有权利打开这个箱子，马塞尔就已经掏出了他的专用开箱钥匙，开始干活了。我在旁边看着，好奇压倒了一切顾虑。只听见咔嗒一声，箱子开了。

“这是你送面包时学来的本事吧，”我取笑他说，“你可真是个能干的盗贼。”

“我要是干这行，准保差不了。”马塞尔还没忘了吹牛。

他边说边掀开箱盖，朝里面看了一下。看完，他不禁吹了声口哨，连连说：“好家伙，好家伙！我总算明白盗贼们闯进来是想找什么了。”

我也往箱子里看去。哇，里面有厚厚一叠文件，一大捆 500 欧元面值的钞票，还有一堆码放得整整齐齐的金条！我快被那些金条的光晃晕了，真是不敢相信，它们都是纯金做的。马塞尔说得对，这肯定就是盗贼一心想找的东西。

“我们该怎么办？”我忧心忡忡地问，“要是我们还把东西留在这儿，盗贼又进来了怎么办？”

马塞尔想了想说：“你说得对。我们必须得报警，警察会保管这些财物的。我们先仔细记一下箱子里都有些什么吧，以防万一吧。”

我们赶紧忙活起来，认真地清点了所有的东西，并依次记录了下来。清单写好之后，我们得意扬扬地看着自己清点的成果：100 张 500 欧元的钞票，一共 50000 欧元；25

根金条；78 枚金币；163 张证书；一个装着信件和银行流水单的信封；一个装着 16 块宝石的小袋子；一条金项链；7 只金戒指。

马塞尔满意地把清单塞进裤兜，打算稍后也给我抄写一份。我们俩都觉得，要是我们也有这么多钱和宝贝，一定高兴死了。

“特伦夫太太真是太有钱了！”我惊叹道。尽管她曾跟我们提起过自己的财富，但亲眼看见它们摆在面前，感觉还是大不一样。

“她为什么要把这么一大笔财物放在地下室里？”我不解地问。

“有钱人都会这么干。”马塞尔像个大人似的对我说，“我敢打赌，特伦夫太太一定还有很多很多钱投资在别的地方。这里的也许只是留着应急的。”

“留着这么多财物应急？”我有点不敢相信。

“也许这样才够她拿在手里数着玩儿。”马塞尔坚持说，“想想动画片里的麦克老鸭[1]，它的财富不计其数，它最喜欢

1　麦克老鸭，迪士尼动画形象，唐老鸭的舅舅，世界上最富有的鸭子。它非常贪婪吝啬，声称自己知道手头每一枚硬币的来历，经常坐在钱堆上。——编者注

的事就是在钱堆里游泳。”

我回想起自己读过的那些漫画书，还想起妈妈总是让我在摸过钱后洗手，不禁说道：“我想，有钱人大概不会觉得钱脏吧。”

马塞尔同意我的看法：“我也这么想。特伦夫太太肯定非常喜欢时不时下来，看看她的宝贝箱子。反正，至少我会这样。”

我忍不住笑了起来，脑海中浮现出一位老太太，她走进地下室，打开箱子，挨个把玩箱子里的金条和钞票……我浮想联翩，想道：换作是我，还会掂一遍这些金条和金币，真是好开心呀。

突然，钱钱叫了起来，很快，比安卡也跟着叫起来。两只狗背对我们，冲着门口一边嗅，一边越叫越响。马塞尔跑到门边，朝着外面大声喊：“莫妮卡，是你吗？快下来，我们现在知道盗贼要找什么了。”

钱钱和比安卡不再大叫了，只是从喉咙里发出咕噜咕噜的声音。马塞尔突然有些惊慌失措：“出什么事了？狗是不会冲着莫妮卡发出咕噜声的。”

这时，地下室里响起了男人的声音，把我们吓了一大跳。钱钱的毛都竖起来了，我嘘了一声，说：“安静点，钱钱。”

但它仍然焦躁不安，继续发出咕噜咕噜的声音。

外面的声音越来越近，越来越响，我们根本无处可逃。不一会儿，我们看见一束手电筒的光在狭小的地下室里扫过，然后一道强光直刺我的眼睛，我尖叫起来。

“快看，快看！是谁在里面？”一个声音叫道。

“不关你的事。”马塞尔愤愤地吼道。

光线太刺眼了，照得我们什么都看不清。这时，只听见另一个低沉嘶哑的嗓音说：“你们找到什么了吗？要是这样，真帮我们省了不少事。”

随着光束移到箱子上面，那个男人吃惊地叫道：“伯尔德，快来看！那个小姑娘说得没错，这儿真有宝贝。”

“拿开你们的脏手！这是一位老太太的！”我愤怒地大吼。

“小姑娘,你误会了。我们是好人。”第一个人笑了起来。光束从箱子上移开，落在了第二个声音处：我们看见了一名警察！

马塞尔马上反应过来，而我却神经质地笑了起来。我这才意识到自己刚才有多紧张。这会儿我如释重负，一下子瘫坐在地上。

“一个小姑娘给她爸爸打了电话，她爸爸又通知了我们。”第一名警察向我们解释。

原来如此。

“莫妮卡现在在哪儿？”马塞尔问。

“她和她爸爸，还有我们其他同事都在上面。”

这名警察走出去，冲一位站在楼梯台阶上的同事大声说：“没事了！孩子们都在这儿，都没事儿！”

我们回到了一楼。走廊和客厅里至少还有十名警察，莫妮卡的爸爸也在，莫妮卡一脸惊恐地挨着他。

莫妮卡说，她等了我们很久，还顺着楼梯往下喊了几声，但没听到任何回应。她估计我们出事了，于是赶紧给爸爸打了电话。

莫妮卡的爸爸严肃地看着我们说：“你们真是太大意了！应该马上报警的。”

我们说不出话来。我看着莫妮卡，感到很抱歉，她刚才一定吓坏了。都怪我们在清点宝贝时太过投入，完全忘了时间。

警察请来了锁匠修门，然后万分小心地抬走了地下室的那个箱子。他们得继续忙活一阵子，还问了我们很多问题。不过，他们对我们非常和气，还夸奖了我们，说是我们吓跑了入室盗窃的坏蛋。

我和马塞尔骄傲地看了对方一眼。随后，我们被送回了家。妈妈担心极了，一直在窗前等着。她说，看见我们从警车上下来时，她已经做好了最坏的打算。

警察们很快说明了情况，然后分别送马塞尔和拿破仑回家了。妈妈赶紧给她姐姐，也就是马塞尔的妈妈，以及哈伦坎普先生家打了电话，以免警车突然出现在家门口时，他们会像她一样吓一大跳。

我仔仔细细地给爸爸妈妈讲了整件事的经过。我真是太兴奋了，根本睡不着觉。对了，爸爸妈妈也像莫妮卡的爸爸那样告诉我，我们当时应该立刻报警。

第十一章

爸爸妈妈不明白的事

第二天去上学，学校里炸开了锅。莫妮卡迅速将我们的冒险故事说了出去，这下，我们成了整个学校的焦点。很多人跑来祝贺我，有些男孩甚至说：“你真幸运，遇上了这么惊险的事情。真希望我以后也能碰上一回。”

我不知道这算不算件好事。我只是觉得，如果没有梦想储蓄罐，这一切都不会发生。我不会去找工作，不会结识哈伦坎普先生，也就不会在他的推荐下去帮特伦夫太太照看比安卡。

我有一位睿智的历史老师，他总说的那句话看来是对的：“仔细观察，幸运只不过是充分准备加上努力工作的结果。”

不管怎样，我和莫妮卡一跃成了学校的明星。一家本地报纸甚至派来摄影记者给我们拍照。第二天，我们登上了报纸，文章把我们的勇敢行为说得活灵活现。可惜的是，马塞尔没有和我们一起出现在照片上。爸爸妈妈看到报纸后，也着实为我们骄傲，逢人就说这件事。

一天早上，我在写成功日记时又回想起了这次历险。这的确是一次很棒的经历，我也为此感到自豪，而且，我还得出了一个有趣的结论：我深信，我的整个人生已经变成了一次独一无二的冒险。这真令我高兴。

我发现，自从我开始思考钱的问题，努力想办法挣钱，许多事情都发生了改变。我的生活变得有意思多了。我通过和以前不同的方式结交到了朋友。我和大人进行了有意思的对话。我学到了很多东西，和学校里学到的东西完全不一样。我对这些知识真的非常感兴趣，因为我知道，它们是有用的。学习怎么挣钱去美国，可比在历史课上学习关于查理大帝的枯燥知识要有趣多了。当然，我也更用功地学习某几门课程，比如，我现在很喜欢学英语，因为我知道不久就能用得上。

我现在会去考虑很多以前觉得无关紧要的事情。最重要的是，我的自我感觉好极了。我也突然意识到，最有意思的并非只有钱，而是每一天都过得很充实美好，而且我还体会到，一切皆有可能。我每天都会这样思考很多问题，这在以前是没法想象的。

通过成功日记，我也学到了很多东西。我早已不再仅仅记录所谓的“成果”，还常常记录下自己是怎样获得成功的。比如，我知道自己非常勇敢，但在感到害怕时，我也不会觉得困扰。因为哈伦坎普先生曾对我说，勇敢不是毫不恐惧。勇敢的意思是，一个人尽管心怀恐惧，但仍然能克服恐惧向前走去。

我决心努力工作，但工作一定要让我体会到乐趣。爸爸妈妈总是说我懒，他们说得不对，因为现在我可勤奋了，每天照料三只狗，给它们喂食，为它们洗刷毛发，带它们散步，训练它们。这并不是件容易的差事，我却乐在其中。

最重要的是，我第一次确信，自己尽到了最大的努力去做一件事。这可能就是我最大的变化。以前我总喜欢告诉自己：“一旦我开始认真学习，就肯定能取得好成绩。”现在我才意识到，这只不过是我自己找的托词而已。当我真正付出了全部努力，其实就不再需要这个借口了。因为我可以明明白白地看到自己的潜力究竟如何。

或许还可以这样说，我做到了许多原本做不到的事情，比如挣钱。只有放手去做了，才能发现自己原来真的可以！

接下来的日子飞快地过去了。我和“我的”三只狗相处得非常愉快，我也经常和马塞尔、哈伦坎普先生和金先生津津有味地聊天。我问了很多问题，也得到了很多让我耳目一新的答案。

金先生给了我一张 2065 欧元的支票。因为照顾钱钱就得到这么多的报酬，我心里始终有点过意不去，毕竟，世界上没有比照顾它更让我开心的了。金先生宽慰我说：“如果走丢了的是你的狗，你看到别人悉心照料它，你也一定会非常高兴。就是因为你不图回报地照料它，你的工作才有了价值。”必须承认，他说得很对，钱钱在别人那里不可能比在我这里过得舒服。

于是，我把支票拿到银行去兑现，按我的计划把钱分配了一下：一半的钱存进了账户，也就是 1032.5 欧元，用来“喂养”我的“鹅”；另外的 1032.5 欧元取了出来，往每个梦想储蓄罐中都放进了 413 欧元；剩下的 206.5 欧元当作零花钱。能为我的旧金山之行与笔记本电脑分别存上 413 块钱，这感觉真是太奇妙了。我真想叫妈妈来看看，但最终还是决定到最后再给她一个惊喜。

从哈伦坎普先生那儿挣来的钱，我也是同样分配的。

他仍然每天付给我 2 欧元，当然，每教会拿破仑一个本领，他就会多支付 10 欧元。有时我也奢侈一把，让莫妮卡来帮忙，然后把我报酬的一半分给她。

一开始，我觉得这对莫妮卡不公平，毕竟是她干了全部的活，而我什么也不用做，却仍然挣的和她一样多。但马塞尔告诉我："工作本身往往最多只值报酬的一半，另一半的价值来源于你的想法和实施这个想法的勇气。"这一点很重要，我也是这样对莫妮卡解释的。我还建议她去找一份和照看拿破仑类似的工作，她却说没有胆量和别人搭话，再说她还有 75 欧元的零花钱，她已经很满意了。

这让我下定决心，以后绝不给我的孩子太多零花钱。我要鼓励他们写成功日记，鼓励他们自己挣钱，越早越好。

然而，有一件事却困扰着我：我和钱钱之间的对话越来越少了。我要做的事情太多了，又经常和堂哥、哈伦坎普夫妇聊天，与金先生交流的时间也越来越长，因此我和钱钱几乎没什么机会去我们的秘密基地了。当然，我们还是常常一起散步，一起撒欢，只是不怎么聊天了。本来我有很多问题想问钱钱，却从金先生或其他人那儿得到了答案。

钱钱看起来根本不在乎，恰恰相反，它看上去很享受这样的生活——它似乎更愿意别人把它当成一只普普通通的狗。它也很喜欢和拿破仑、比安卡一块儿玩闹嬉戏。每次看到它们仨在一起时，钱钱表现得好像毫无区别，看起来是那么“正常”，我就只能安慰自己，也许本该如此吧。

有一天，我和爸爸妈妈一起吃饭，他们一言不发，脸色阴沉，各人盯着各人的盘子。他们吵架后总是这副模样。我很想再和他们谈一谈债务问题，之前还特意又看了一遍钱钱教给我的四条建议，但还是觉得实在不是合适的时机。

没想到，爸爸打破了沉默。“吉娅，我看到你的一份银行流水单，上面有很多钱。”他审视着我，意味深长地说，“很多很多钱。”

“那是金先生支付给我的，是照顾钱钱的报酬。”我赶紧解释。

“你看，钱来得正大光明。”妈妈像是松了一口气。

“你取走了 1032.5 欧元。”爸爸继续说，“你能解释一下，你拿这些钱干什么了吗？”

我心里有些不舒服，并不是因为心虚，而是觉得他们不信任我。这不公平！

我努力控制住自己的情绪，给他们说清楚我是从哪儿挣到这些钱，怎样把所有收入分成三份，50% 用来养“鹅”，

40% 用来实现中短期的目标——我的两个愿望，还有 10% 用于零花。没错,我不得不又讲了一遍“鹅与金蛋”的故事，不然爸爸妈妈根本听不明白。

爸爸一脸错愕地看着我。不管怎样，看上去我的解释终于让他放下心来。妈妈甚至露出了得意的笑容:“看吧，女儿遗传了我的理智。”

爸爸叹了口气，说:“真希望我也能这样分配收入，分成三部分。”

“为什么不这样做呢？”我问。

“挣来的钱总是马上就花光了呀。”爸爸解释说，“要不然，你以为我们的房屋贷款、饭钱和水电费用都是谁付的呢？”

“可是你至少可以把剩下的钱也分成三份,就像我一样。哪怕只剩下收入的 10%，也是可以这样分配的。”我坚信这是可行的。

“根本没有多余的钱，我一分钱都剩不下来，”爸爸抱怨道，“光是还房贷就要花掉一半的收入。”

“分期付款可以按最低的还嘛。”我又试着提出了这个建议。

“你根本不懂什么是贷款合同。”爸爸不满地嘟囔着。

妈妈赶紧声援我:“咱们的女儿至少懂得怎么挣钱!”

“她只是运气好罢了。”爸爸有些恼火。

“我们的历史老师总是说,”我赶紧反驳,“仔细观察,幸运只不过是充分准备加上努力工作的结果。”

爸爸若有所思地注视着我,似乎有所触动。是的,爸爸是个好人,可惜他有个坏毛病,就是总将自己的境况归咎于别人和外部环境,仿佛只有他自己是个牺牲品,而别人都是幸运儿。

现在,他似乎领悟到了什么。他说:“有位从我这里进货的企业家,也跟我聊过运气。他是怎么说的来着……对了,他说:‘笨人只有一次好运,聪明人永远都有好运。’我那时不明白幸运和聪明有什么关系,现在懂了。如果说幸运是充分准备加上努力工作的结果,那么我准备得越充分,工作得越勤奋,运气也就会越好喽。”

妈妈一时没跟上他的思路,她只是问我:“那你是做了什么样的准备,才挣到这么多钱的呢?”

我告诉她,我每天早上都写成功日记,还特意强调金先生的司机和他所有的同事都是这么做的。

“这有什么用呢?”爸爸怀疑这样做的意义。

“我们能挣多少钱,取决于我们的自信。而自信又取决于我们到底是专注于做自己能做好的事，还是自己并不擅长的事。如果不是写成功日记的话，我可能永远也不会意识到处处都有挣钱的机会。”

爸爸轻轻地点了点头。如果他也暗地里开始写成功日记，我可一点也不会觉得奇怪，不过他肯定不会那么爽快就承认的。

我感到爸爸愿意听一听我的想法了，便提议说:“爸爸，为什么不去和金先生聊一聊你的财务问题呢？”

“我想他不会对这个感兴趣的。”爸爸迟疑地说。

“我已经和他说过了，”我急忙说，“他会很乐意的。”为了让爸爸卸下心里的包袱，我又说:“我们帮忙照顾他的小狗，这样做也是给他一个机会，让他也能为我们做点什么嘛。”

“可我们不该随便谈论钱哪。”妈妈说。这是她从小就学会的一句老生常谈。

我鼓起勇气说:“你们有没有想过，你们在饭桌上谈过多少次自己的财务问题？你们总是想着怎么才能暂时应付过去,而更聪明的做法是要找到长期又有效的解决办法啊。”

爸爸妈妈意味深长地对视了一下。如果不久前我这么说话，肯定会引得他们大发雷霆。可他们现在开始接受我的想法了。他们认真地听我说话，也在思考我说的话。我深深感到，如果想被别人认真对待，学会挣钱并能合理地处理财务问题，是多么重要啊。

妈妈先同意了去和金先生谈一谈。也许是因为她还没见过金先生，觉得很好奇吧。我给金先生打了电话，替爸爸妈妈约好了会面的时间。

我心里一阵雀跃。我很肯定，金先生会帮助爸爸妈妈的。不，我在心里又重新说了一遍：他会告诉爸爸妈妈，怎么才能自己帮助自己。

50

第十二章

特伦夫太太归来

特伦夫太太终于旅行回来了。她到家的时候，我特地赶了过去，好让她对家里发生的事情有所准备。两位警察也已经在那儿了，他们得知了她的返程日期，想等她回来办理一些例行手续。

令人难以置信的是，特伦夫太太居然非常平静地听完了整件事的经过。当她知道有人入室行窃时，脱口而出的竟是："可怜的小偷，他们还不如去证券交易所呢，那儿可以拿到的钱可比这里多多了。"

她可真是一位酷酷的老太太！

警察大讲特讲了一番我、马塞尔和莫妮卡的英勇事迹，还把相关的新闻报道拿给她看。随后，他们递给她一张清单，上面列明了箱子里的所有财物，这些东西现在都妥善地保管在警察局的保险箱里。

特伦夫太太听了十分感动，真诚地向我道谢。等到警察离开后，我终于可以单独和她聊一聊了。

“您为什么冒这么大的风险，把这些钱和金子都存放在家里呢？”我迫不及待地说出了心里的疑问。

“有很多原因。”老太太向我解释说，“首先，我很喜欢把玩它们,我很喜欢钞票和金子。”我不置可否地看着她——这么坦诚地说自己热爱金钱，我也不知道是否合适。不过，我又回想起和马塞尔在箱子旁一一查看、清点财物和触摸金条时体会到的快乐……这位老太太为什么就不能在打开宝箱时享受同样的幸福感呢？更何况，这一切本来就是属于她的呀。

特伦夫太太继续说：“第二，这笔钱是用来应急的。不管发生什么事,我放在箱子里的东西总够我花上好几年了。”

“这也未免太多了吧！”我笑着说。

“这得看你总共拥有多少钱。”她解释道，“如果把超过财产总数 5% ～ 10% 的钱存放在家里，那就没有意义了。”

我忍不住吹了声口哨，这位老太太真是太有钱了！

“第三，我将很大一部分钱投到了股票和基金上，这包含了一定的风险，所以我手头要有一定数量的现金，这是明智的做法。等以后有机会，我再详细给你讲。”

特伦夫太太一点也不着急收拾屋子。她可真喜欢说话。

“可是，这些现金差点全被偷走啦！”我提醒她说。

“那可就太遗憾了，因为那些盗贼是不会高兴多久的。”老太太很肯定地说。

我惊讶得合不拢嘴：“他们有了那么多的财宝，怎么会高兴不了多久呢？”

“这就不太好解释喽。这么说吧，金钱只会留在那些为之做好了准备的人身边，用非法手段得到不义之财的人，反而会过得比没钱时更糟糕。”

“我不明白，”我困惑极了，“那为什么盗贼们还要费尽心机去偷东西呢？”

特伦夫太太想了想，说：“因为他们以为有了钱就可以改变自己的境况，他们以为金钱能使人幸福。”

“我爸爸妈妈也这么想。”我边想边说，“他们固执地认为，如果不用为钱烦恼，他们就会过上非常幸福的生活。”

“那你爸爸妈妈和许多人一样，都想错了。想要过得幸福而充实，就得先改变自己，钱可不能为他们代劳。金钱本身并不会使人幸福或不幸，它是中性的，既不好也不坏。

只有当它属于某个人时，它才会对这个人具备好的意义或坏的意义——要么把钱用于好的地方，要么用于坏的地方。一个幸福的人有了钱会更幸福，而一个消极悲观、总是杞人忧天的人，钱越多烦恼也越多。”

“可我妈妈总说，金钱会毁掉一个人的品性。”我不太赞同地说道。

“金钱会暴露一个人的品性，”特伦夫太太解释道，“金钱就像放大镜一样，它会让你把自己看得更清楚。品性好的人会拿钱做很多好事，而盗贼呢，只会把钱挥霍在愚蠢的事情上。”

我好好想了想她的话。金钱帮了我的忙，因为它，我得到了堂哥马塞尔、银行顾问海娜女士、富有的金先生以及哈伦坎普一家的尊重。此外，我也开始尊重自己。我和有意思的人聊天，我的生活变得更加精彩，我思考的问题也更多了。这么说吧，我变得更幸福、更自信了。

特伦夫太太像是看穿了我的心思，她说：“金钱的确能成为我们生活中的好帮手，它能提高我们生活的整体水平，也支撑着生活中其他的方方面面。有了钱，我们就更容易实现自己的目标和梦想——这里面既包括好的目标和梦想，也包括坏的目标和梦想。”

啊，原来是这样，我之所以会过得更好，是因为我有好的目标。现在，我终于明白为什么钱钱从一开始就那么坚持，让我首先确立自己的目标。这一刻我总算相信，金钱是不会毁掉我的品性的。

我感激地看着钱钱，它正舒舒服服地躺在我脚边睡大觉呢。

老太太又转回了之前的话题：“我啊，只是将一部分现金放在了箱子里，其余的都存放在银行的保险箱中。盗贼是不可能让我陷入困境的。”

说着说着，她突然冒出一个主意来：“我很想谢谢你们。希望能做点什么事，对你们以后整个人生都大有益处的事。所以我提议，我们俩，还有你的朋友们，咱们一起组建一个投资俱乐部吧。你觉得如何？”

“一个什么？”我没听明白。

“就是我们一起投资。比如说，每个人每月拿出 25 欧元放在一起，我们拿这笔钱去投资。”

我太高兴了，激动地叫起来：“您是在教我们怎么让‘鹅’生金蛋哪。”

这下轮到特伦夫太太不解了。于是我给她讲了“鹅与金蛋”的故事，她也听得兴致盎然。

“这个故事讲的正是我在做的事情呀,”她高兴地说,“我吃了很多苦头才学会这些。你根本想不到，小小年纪就学习正确地与钱打交道，是一件多么幸运的事。”

她的话让我很是得意，我心满意足地看着钱钱，它摇晃着尾巴，正在打瞌睡。我打算明天早上就把特伦夫太太的这几句夸奖写进成功日记里。现在，我发现越来越多的时候，我整天都在不自觉地寻找可以记录下来的“成果”。以前，我喜欢首先关注自己做不成的事情，现在会更专注于我能做成的事情。这样一来，我就能更多地去寻找解决问题的办法，而不是寻找逃避问题的借口。

我想再多聊聊投资俱乐部的事，特伦夫太太却想等我们三个都到齐了再说。我向她保证，一定会和莫妮卡、马塞尔约好时间，来跟她合作成立我们的俱乐部。

在我临走前，特伦夫太太给了我 70 欧元，这是照看比安卡的酬劳，一天 5 欧元。我赶紧跑到银行，想把其中的一半存进我的养“鹅”账户。

刚到银行门口，恰好碰见海娜女士向我走来。她说，她在报纸上读到了我们的故事，想祝贺我，告诉我她为我感到非常骄傲。她正准备去休息，于是邀请我一起去喝点汽水。我当然很乐意。

“你的账户情况真是不错。”她夸奖我说，“我发现你很会存钱。虽然你挣的钱不能跟大人比，可攒下的钱可比大部分大人都多呢。”

我既得意，又有点不好意思。海娜女士想了一会儿，又问：“那些没存进账户的钱，你都用到哪儿去了呢？”

“我把剩下的钱分成了五份：一份零花；其余四份，往我的两个梦想储蓄罐里头各存两份。要不然，我就没法去加州、买笔记本电脑了。”

海娜女士惊喜地看着我，说：“你这个方法比我预计的还要聪明。请等一等，我去打个电话。”

几分钟之后，她满面春风地回来了，神秘兮兮地对我说：“吉娅，我觉得小孩都应该向你学习，这样他们的人生可以过得更美好，更轻松。所以，我想了想应该怎么尽可能多做点什么。你知道吗，我正好是我孩子学校家委会的成员。几天以后，学校将开一次面向学生和家长的大会，而这或许是你分享自己的故事的好机会。所以，我刚刚给校长打了电话，向他提了这个建议。他同意了。”

我茫然地看着海娜女士。

“就是说，你要在大家面前做一次演讲。”她向我解释。

我顿时感觉浑身发烫，耳朵嗡嗡响，胃里一阵痉挛。

我脑海中浮现出一幅画面：我走进坐满观众的大厅，开始演讲……

“我是不会答应的，”我坚决地说，“我会吓死的。”

海娜女士笑了。

“而且，我也根本不知道该讲些什么。”

海娜女士却不想这么快放弃这个主意。她若有所思地看着窗外，过了一会儿才说：“你知道吗，因为工作的关系，我知道很多人的财务状况，也有很多人向我倾诉这方面的烦恼。你很难想象，如果没有学会理财，会有多少烦恼和痛苦。也许金钱不是生活中最重要的东西，但如果处处缺钱的话，它就变得无比重要了，生活会为钱所累，人会变得很不正常，会跟身边的人吵架，会觉得挫败沮丧，觉得自己一无是处。只可惜，没有人告诉他们，让钱变成生活中积极的力量，原来可以这么简单。学校里真应该开设理财的课程，”海娜女士叹了口气，说，“可惜现在还没有。所以，把你的理财方法分享给大家，真的意义重大。”

她的话让我很受触动。毕竟，我自己已经体会到，自从学会和钱打交道之后，我的生活变得多么有意思。

可我还是觉得自己肯定没法胜任演讲，于是沮丧地说：“我在台上肯定一句话也说不出来。”

“那我和你一起上台，我提问，你回答。你只要讲讲你的真实经历就可以了。万一接不上话，我就帮你跳过去。你觉得这个主意怎么样？”

我还是很犹豫。“您为什么不自己讲呢？您在银行工作，可是专业人士呀。”

“可是由你来说，才会给大家留下更深刻的印象。”海娜女士回答，“那些话从我嘴里说出来，只会让大家觉得不过是一个银行职员老生常谈的废话罢了。而孩子们会全心接受你，因为你做了所有小孩原本也可以做到的事情。”

“话是这样说,可我还是担心自己会结巴。”我还是反对，“我太紧张了。”

“我希望你再考虑考虑。没有人能强迫你做自己不愿做的事情，只有你自己能强迫自己去做。”

我们道别之后，我脑子里一直在回想着海娜女士的话，最后那一句尤其让我百思不得其解：“只有你自己能强迫自己去做。”——我为什么要强迫自己呢？

走到哈伦坎普先生家时，我仍陷在沉思之中。我是来接拿破仑的，可是它的一只爪子发炎了，只能在家休息。哈伦坎普先生邀请我进屋吃点心，是他妻子亲手烤的香喷喷的蛋糕。我一言不发地一口气吃掉了三块。

“今天你很沉默啊，”哈伦坎普先生瞧出了端倪，“遇到什么麻烦了吗？”

我告诉了他海娜女士的建议和我的恐惧。

“如果是我，我一定会去的。”哈伦坎普先生毫不犹豫地大声说。

“您不是说过，您只做让自己愉快的事情吗？”

“一点没错。”他回答道，“我曾经狂热地喜欢摄影，于是中断学徒生涯，在世界各地跑了整整13年。那是一段美好的时光，可我没挣下多少钱。后来，我想试试看自己能不能做生意，就开了一家照相馆。几年之后，我把它卖了个好价钱，在加勒比海买下一家小旅馆，又在欧洲做房地产生意，挣了不少钱。我只是不太擅长投资理财，这方面是我太太的拿手好戏，也是她的兴趣所在。”

原来老先生的人生如此精彩，这太让我惊讶了。“这恰好说明，您只做您感兴趣的事情啊。”

“我当然感兴趣，是的！”哈伦坎普先生没有否认，“但也总会伴随着恐惧。难道你以为，中断学徒生涯跑去游历世界，一拍脑门就能决定吗？我害怕的时候总是胃疼。我尝试去做生意，要跟各色人等打交道，你以为我没害怕过吗？”

他用恳切的目光看着我，说：“我生命中最美好的事情之所以发生，都是因为我做了原本不敢做的事情。”

真是难以置信。对于只做自己感兴趣的事情，我之前把它想得太美好，或者说太简单了。

“你看我的太太，”他继续说，“她年轻时非常漂亮，而我的相貌一点也不出众。第一次见到她是在一列火车上，我立刻就爱上了她，而且我知道，如果那一刻什么都不做，或许就再也见不到她了。我们那节车厢坐满了人，我坐在她的对面。要当着这么多人的面找她搭话，真是太可怕了，我之前从未感到这么害怕过！下一站我就得下车，时间不多了，我简直快要窒息了。如果她拒绝了我怎么办？还当着这么多乘客的面，多丢脸啊！但我还是冒险迈出了那一步。现在，你瞧瞧，我得到了怎样的回报，她是我一生中最宝贵的珍宝。”哈伦坎普先生一边说，一边温柔地抚摸着太太的手。

哈伦坎普太太补充说：“最珍贵的礼物都是自己送给自己的。一旦克服了丢面子的恐惧，世界就会对你敞开大门。”

他们说得很有道理，可我心头的担忧仍然挥之不去——想想那满堂的观众！

忽然，哈伦坎普先生有了个主意：“吉娅，假如你一点都不害怕，也不紧张，那你有兴趣讲故事吗？”

我不由得想起“鹅”的故事，近来我反复讲过很多次，总是乐在其中。于是，我回答道：“如果只有一两个听众，我会很有兴趣。”

“那就去做你能做好的事吧。如果你能和两个人交谈，那就能和两百人交谈。能阻挡你做自己喜欢的事情的，只有恐惧。但是，战胜了恐惧后，你就会成长。”他给我鼓劲儿。

我不禁回想起走进特伦夫太太家地下室的情景，一开始心里有多害怕，到后来心里就有多自豪。然而，我对演讲的恐惧并没有因此消失。

“有时候，生活真是太艰难了。”我忍不住哀叹。

“也很精彩！”哈伦坎普太太说道，她正出神地摩挲着丈夫的手。

多么幸福的一对老人啊！从他们身上，我不知不觉就能学到很多。

第十三章

严峻的危机

我一回到家，就发觉大事不妙。爸爸焦急地在家里走来走去，妈妈坐在厨房的桌边，正伤心地哭泣。懂事的钱钱躲到了花园的灌木丛里，一看到我，就立刻跟着我跑进了屋。

我小心翼翼地打听到底发生了什么事。妈妈说不出话来，哭得更厉害了。爸爸控制了一下情绪，以一副大难临头的口吻说："我们拖欠了房子的分期付款，银行发来一封警告信，威胁说如果不能在一定期限内还清，就要停止发放贷款。"

"然后呢？"我问，"会怎么样？"

"然后，银行就会收走我们的房子。可咱们显然拿不出那么多钱来呀。”爸爸的眼里也涌出了泪水，看起来好像随时会号啕大哭。

“那我们就得搬回小公寓去了，太丢脸了！”妈妈抽泣着，可怜兮兮的样子。

“我们这辈子都无法摆脱债务了。”爸爸对未来悲观极了。

“而且什么也买不起了。”妈妈一边哭一边补充。

“不会的。”我心不在焉地安慰着他们，却觉得我也帮不上什么忙。于是，我赶紧把钱钱带到森林里，眼下我真的太需要它给点建议了。

我们走到了秘密基地。当初，钱钱就是在这儿，给我上了第一堂金钱知识课。现在想来，似乎已经过去很久了。这中间发生了多么大的变化呀。

“不错，你取得了很大的进步。”我听到了钱钱的声音。

“又能和你说话了,真好！”我满怀爱意地抱起钱钱。

“只有在你需要我的时候，我才会跟你说话。”钱钱说。

“我现在就非常需要你。”我恳切地说。

“其实,你根本不需要我了。你和很多富有的人交谈过,学到了大部分关于金钱的知识。他们就是你最好的老师。现在你只缺少非常重要的一课：如何去做投资。其实这方面你身边有很多人都能帮助你。我只需要稍微帮你指点一下方向，剩下的你自己就能做到。”

“好吧好吧，这并不重要。”我急忙说，“我现在急需你的帮助，要不然我们就会失去这座房子。”

“别乱说。”钱钱皱起鼻头，噘着嘴，好像吃了什么讨厌的东西一样，“你已经迈出了最重要的几步，明天就是你的爸爸妈妈和金先生会面的日子。问题会解决的。”

我竟然把这事给忘了。对啊，我应该相信富有的金先生，他一定能轻而易举地帮助爸爸妈妈。

“我想，你刚刚又找到了一个成为有钱人的理由。”钱钱试探着说。

我疑惑地看着它。

“你可以成为这样一个人：有能力帮助别人，也能够让别人信任你，愿意向你求助。”钱钱解释道。

“你是说，我能成为金先生那样的人吗？”我不敢相信它的话。

“是，也不是。”钱钱回答，“说‘是’，是因为你有能力实现自己设想的目标。说‘不是’，是因为你不会和金先生完全一样，而会拥有自己独特的地方。当然了，如果你继续像现在这样做，就会变得像他一样成功。”

我听得目瞪口呆，我连做梦都没有这样想过。但钱钱不会乱说。我决定明天立刻把它的鼓励写进我的成功日记里。我会和金先生一样成功，这是我有生以来得到的最大的夸奖。这想法多么不可思议！

“关键在于，你要能确定你到底想要什么。”

“这又不难。”我顺口说道。

“当然，大多数人都会这样说，但不是所有人都做好了要为此付出必要努力的准备。他们不想付出代价。”

“那我该怎么努力呢？”我好奇地问。

“就是继续做好你现在已经做到的事情。特别重要的是，在你获得一些成功之后，不能放弃写成功日记。”

这一点我当然同意。

“这可不像你想象中那么简单，”钱钱的声音非常恳切，“成功会使人骄傲，如果你骄傲自大，就会停止学习，不学习，人就不会成长和进步。”

它停顿了一会儿，好让我消化消化这些话。随后它继续说：“只要你继续写成功日记，就会不断更深入地思考自己、思考世界、思考成功的规律。这样一来，你就会越来越深刻地了解自己和自己的愿望，而这又会让你有能力去更好地理解别人。完全理解自己和这个世界的秘密，是我们无法完全实现的一种理想，而我们能做的，就是不断去接近这个理想。”

“我很喜欢写成功日记。”我说。

“很好。”钱钱的声音听起来严肃极了，“还有一点：不能在困难面前退缩。对困难、错误和羞耻的恐惧，毁掉了无数人的生活。”

我的脸红了。“眼下就有一件让我特别害怕的事情，虽说海娜女士和哈伦坎普夫妇都极力开导过我了。”我告诉了钱钱海娜女士的提议，“我知道，我应该应邀去大会上演讲，但我实在是太害怕了，我做不到。”

钱钱的回答出人意料：“来吧，我们去拿你的成功日记。”话音刚落，它就跑得没影了。我撒开腿狂追，但怎么也追不上。等我气喘吁吁回到家时，钱钱早已等候多时了。我一把抓起成功日记，又和钱钱一起跑回森林里。回到秘密基地时，我已经累得上气不接下气了。

“当你觉得自己无法完成一件事时，还有一个办法。”我刚缓过劲来，钱钱就开口说话了，“翻看一下成功日记，从过去的事里找找将来一定能达成目标的依据。”

于是我开始重读成功日记。里面记录的那些事现在回过头来看非常简单，可哪一件在一开始没有让我感到恐惧呢？当我向哈伦坎普先生提出带拿破仑散步时，当我认识金先生时，当我走进特伦夫太太家的地下室时，还有因为梦想储蓄罐被妈妈嘲笑的时候，我都非常害怕。当然，我最大的恐惧是害怕失去钱钱……

“你不觉得你比自己原本想象的还要能干吗？”钱钱试探着问我。

真是太奇妙了。我头一次感到，站在人群前演讲没那么可怕了。我回想自己曾经克服过的那些困难，越想就越有信心。这时，我再想到这次演讲，心中那团困扰我的恐惧彻底消失了，只剩下紧张和激动。我觉得，我一定能够做好。

钱钱仔细地观察着我的反应。“真像魔法啊！”我惊叹不已，“刚才我还觉得自己永远都不会答应去演讲，现在竟然有些期待了，哪怕到时候我肯定会紧张得要命。”

我心里畅快极了，海娜女士和哈伦坎普一家肯定会为我的决定骄傲的！

钱钱高兴地舔着我的脸。这个坏毛病我还是没有帮它改掉，看来是没办法了。

我还是不敢相信——就像变魔法一样。“这是怎么回事呢？”我疑惑地问。

钱钱似乎笑了笑。“我们的恐惧总是源于对那些不确定的事情的想象，我们越是设想失败的可能性，就会越害怕。而仔细看看成功日记，你的注意力就会转移到成功的经验上面，这样，就会自然而然地开始去想应该怎样去做。”

我不知道自己是不是真的理解了钱钱的话，但它又总结道：“一旦你把精力集中在积极的目标上，就不会心生畏惧了。”

我耸了耸肩，有点无奈地说：“我还是没有完全明白。不过，这应该也和使用电一样吧，知道它管用就够了。”

钱钱赞许地眯了眯眼睛。

我们离开了秘密基地，不过这一次，我们走得很慢。

睡觉之前，我还有一大堆事情要做。我得安慰爸爸妈妈。当我说起与金先生的约见时，妈妈总算不哭了。随后，我给马塞尔和莫妮卡打了电话，告诉了他们特伦夫太太提议成立投资俱乐部的事。

第二天早上，那位可爱的女司机来接我们了。金先生说，他希望单独和我父母聊一聊。他们聊了很长时间，具体聊了什么，我不得而知。不过，等他们回家时，就显得如释重负了。

他们只是告诉我，金先生帮他们把分期还款期限暂缓了几个月，还将每个月的还款金额下调了32%。这样一来，他们每个月手里就能有一些余钱。他们打算将这笔钱分成两份，一份攒着应急，另一份用来养一只自己的“鹅”。

我开心地拥抱了爸爸妈妈，然后把钱钱紧紧搂在怀里——他们不知道，这是我向它表达谢意的方式。我久久地抚摸着这只漂亮的白色拉布拉多犬，它呢，静静享受着我的爱抚。然后，它竟然又堂而皇之地狠狠舔了一下我的脸……

我回到房间，心情像过节一样快乐。我把夹在成功日记中的纸条拿了出来，上面写着我最重要的三个目标，其中一个是：帮助爸爸妈妈摆脱债务。我做到了。虽然是金先生帮了他们，但促成这次会面的是我。

我兴高采烈地拿出一支红笔，在上面打了个大对钩。随后，我开始记录这次不同寻常的成功。在我的心里，这件事意义重大，无论怎样强调都不为过。于是，我翻开成功日记的下一页，写下了一行大大的字：“我最大的成果”。然后在下面写道：

帮助爸爸妈妈摆脱债务之苦，并且开始储蓄。

写完，我心满意足地看着梦想储蓄罐。用不了多久，我就能“宰掉”它们啦。这一切真是太棒了！

金钱魔法师
吉娅

第十四章
投资俱乐部

这天下午，我和马塞尔、莫妮卡，当然还有钱钱，都聚在了特伦夫太太家里。老太太为我们准备了一张圆桌，上面铺着墨绿色的桌布，还摆上了一个点着六根蜡烛的烛台。在烛光的映照下，一切都显得颇为庄重。我们坐在自己的座位上，每个人面前放着一个小小的文件夹和一个信封。

一开始，特伦夫太太不让我们碰文件夹。我们不知道接下来要发生什么，心里满是期待。

“我宣布，第一次投资大会正式开幕。”特伦夫太太郑重其事地说道，“首先，我们得给团队起个名字。”

她算是问对人了，我们想出了好多点子，什么“金库”“金鹅”“魔法学徒”“金币幽灵”“投资梦之队”“金色四人组”“财富火箭”等等。甚至还想了个“Kimamo- 王牌[1]”的名字，“Kimamo”是生造的词，由我们三个人姓名中的头两个字母组成。最后，我们一致决定采用莫妮卡的提议：“金钱魔法师”。我们一致认为，只要学会我们的咒语，就能像变魔法一样从无到有地变出钱来：

1. 热爱并渴望金钱。

2. 自信，有想法，敢于做自己喜欢的事情。

3. 把钱分成三部分，分别用于日常开销、梦想目标和养“鹅”账户。

4. 之后，进行明智的投资。

5. 以及享受生活。

我们拿起桌上准备好的笔，在文件夹上写下了“金钱魔法师”几个字和我们的名字。马塞尔情不自禁地笑了起来，原来这支笔写出来的字竟然是金色的。大家都忍不住笑了，

1　在德语里，“王牌”一词是 Trumpf，同特伦夫太太的姓（Trumpf）一样。所以该处也暗指是在特伦夫太太的主持下，才有了现在的投资俱乐部。——译者注

特伦夫太太想得可真周到。

随后，我们打开了文件夹，在第一页上写下了我们的咒语。特伦夫太太一脸严肃地说：“为了确保我们能获得成功，有必要制定一些规则，我把它们写在了第二页上。”

我们赶紧翻到第二页，念了起来：

1. 每个月开一次会。

2. 每个人都必须列席会议。

3. 每个人都必须交出一定数量的现金。

4. 不能将这些钱取出，因为我们希望这只“鹅”长大。

5. 共同做决策。

于是，我们确定了每个月开会的日子，并且决定每个人每个月投入 50 欧元，这对我们来说都不是难事：马塞尔和我挣得不少，而莫妮卡有很多零花钱。我们准备联名开设一个共同账户，只有大家一致同意时才能动用。

我们把所有的决议都记录了下来。

没想到，特伦夫太太还给我们准备了惊喜。她说：“我一直在想，该怎么感谢你们的勇敢行为。最后，我想到了个主意：赠送你们每个人一笔钱，作为投资俱乐部的存款。

现在，你们可以打开信封了。”

我们迫不及待地照做了。真不敢相信自己的眼睛：每个信封里都有5张500欧元的大钞。这完全超出了我们的想象，2500欧元啊！我们做梦都想不到。我觉得有点头晕，我还从没有一下子得到过这么多钱呢。

“这钱我们不能接受。”马塞尔坚持说。莫妮卡也附和道：“我们压根什么也没做呀。”

特伦夫太太可不这么想，她说：“你们帮了我很大的忙。其实钱被偷了，倒是无所谓。可那些首饰是我丈夫送给我的，我很在乎。每当我戴上它们，就会想起从前和他在一起的那些美好时光。”

我听了她的话，心里很难过。但我能感到，特伦夫太太是真心实意想把钱送给我们。我不由得站起来，拥抱了她。她一定很久没有和人拥抱过了，显得很激动。莫妮卡也紧跟着像我一样拥抱了她。我给马塞尔使了个眼色，他不大情愿地照做了。

我们道了谢，又回到座位上。老太太高兴极了。我们对着500欧元的钞票欣赏了好一会儿，好多钱哪！

“现在，我们共有10000欧元可供投资。”老太太总结道，因为她自己也拿出了2500欧元，“另外，每个月每人出资

50 欧元，一共是 200 欧元，每年就是 2400 欧元。六年以后，算上 10000 欧元的启动资金，我们就能攒下 24400 欧元。但是，我们要拿这笔钱进行投资，所以最后得到的会比这个数目多很多。”

“到底会有多少呢？”莫妮卡想知道答案。

“这个以后再给你们解释。”老太太说，“现在我们得赶快去银行开设联名账户，把这笔钱存进去。你们有认识的好顾问吗？”

“我有！”我赶紧说。还有谁比海娜女士更好呢？我们把钱收在口袋里，起身去银行。当我们把各自的五张大钞放在海娜女士面前时，她吓了一跳，不过，她还是认为我们的点子很不错。在她的帮助下，我们给联名账号取名为“金钱魔法师”，以后银行的流水单上也会印上这个名字。

手续办理完大家离开时，我留了下来，因为我还想跟海娜女士说些事。我告诉她，我决定去学校的大会上演讲了。

海娜女士听了，满意地看着我。我们约好找一天晚上，她来我家听我试讲。

然后，我飞快地追上了其他人。和金钱魔法师们一起走在大街上，这感觉真是不错！莫妮卡甚至提议，我们之间应该以“金钱魔法师”相称。虽然马塞尔觉得这太夸张了，但她仍然坚持自己的想法。

我们又回到了那座“女巫小屋”，准备迎接我们的第一课。下面，我们必须决定怎么拿这些钱进行投资。

等我们都在圆桌旁落座后，特伦夫太太说：“投资远远没有想象中那么难。从根本上说，我们只需要注意三点。我把它们写在了文件夹的第三页上。”

我们赶紧翻到第三页，我大声地念了出来：

1.应当把钱投资在安全的地方。

“这是当然。”马塞尔评论说，“要不然，所有的钱都会打水漂。”

“没错。”特伦夫太太表示赞同。

我继续往下念：

2.我们的钱应该生出很多“金蛋”。

特伦夫太太解释说：“我们当然希望钱越来越多，所以得看看哪儿能挣到最高的收益。提醒你们一下，股票的收益是最大的。”

只剩最后一点了：

3. 我们的投资必须简单易懂。

“而且便于操作。”我补充说。

“比如像银行账户，”特伦夫太太接着说，“一切都应该像玩游戏一样简单。”这一点特别符合莫妮卡的心意，因为她一直暗暗担心自己会弄不清楚。

“那我们用全部的钱投资股票吧！”马塞尔得出了结论。

“股票到底是什么？”莫妮卡问。

马塞尔不屑地说：“连小屁孩都知道股票是什么东西。”

特伦夫太太说：“那你就给莫妮卡简单介绍一下吧。”

“没问题。”马塞尔说，“股票是……当人们……嗯……当人们在证券交易所……投机时……”

他说得结结巴巴，脸涨得通红。老太太和气地说：“这正是很多大人也会有的问题，大家都懂一点股票，但只有很少人能说清楚它到底是什么东西。”

我得承认，除了“股票”这两个字以外，我对它一无所知。

“你们设想一下，”老太太继续说，“马塞尔想为他的面包派送生意买一台价值 1250 欧元的电脑，这能帮他减轻工作量，还可以节省很多时间。但他不想为此花自己的钱，这时，他可以选择去借钱，去找银行申请一笔贷款，那么他就得定期还贷款，还得支付利息。但是，他还有一个完全不同的选择：他求助于你们两个，请你们为他的公司投资一笔钱，但他不会还给你们钱，更不会支付利息。假设你们每人给他 400 欧元……”

“我们为什么要给他钱呢？”莫妮卡疑惑地问。

“这就是关键，”特伦夫太太赶紧解释道，“只有在能够获得回报时，你们才会给他钱。如果马塞尔让你们拥有他的公司的股份，就能说得通了。”

“这要怎么做呢？”我想知道。

“比如，你们可以约定，每个人都获得他公司 10% 的股份，我们就按照他的公司价值 5000 欧元来算……”

“我们怎么知道他的公司价值多少？”我又问。

“决定一件东西的价值的唯一要素是，人们愿意支付多少钱来购买它。”特伦夫太太说。

马塞尔突然说：“也许会有另一位面包师愿意出钱买下它，这样他就能招徕新的顾客，而这些新顾客还可能在他那儿买别的东西，所以肯定是划算的。”

特伦夫太太点点头，夸奖马塞尔说：“你很有商业头脑啊。”马塞尔露出了喜悦的笑容。

特伦夫太太继续说：“如果他现在想卖掉整个公司，而且有人愿意为此支付 5000 欧元，那就意味着他的公司的市值就是 5000 欧元。他留下自己 80% 的股份，也就是 4000 欧元，而你们两个人各拿到 10%，也就是 500 欧元。”

“那我得到的钱就比给他的多出了 100 欧元。”莫妮卡欢呼。

“真聪明。”马塞尔咯咯讥笑道，莫妮卡狠狠瞪了他一眼。

“那就是说，”我边想边说，“只有当他卖掉公司以后，我才能拿到钱？”

“并不完全是这样。”特伦夫太太回答，“也可能有人想要买你手中那 10% 的份额，那么就由你决定以多少钱卖出。比方说，如果你开价 550 欧元，那么就能很快赚到一笔钱。”

“那我干脆开价 1000 欧元！”莫妮卡喊道。

“当然越多越好啦！”老太太肯定道，“但是，这样也许就没有人愿意购买你手中那 10% 的份额了。只有当别人觉得他还能以更高的价格卖出份额时，才会花钱买进。这就是证券交易所里每天都在发生的事情。证券交易所就是人们聚在一起买卖公司股票的地方。每个人都希望将来能以更高的价格卖出自己手里的股票。”

“这谁又能说得准呢？”我努力思考着。

“没错，”特伦夫太太赞同地说，“可是有人会评估马塞尔的公司是否具有增值的潜力。”

“如果我的公司增值了，那么你们手里的股份，也就是那 10% 的份额，就会更值钱。”马塞尔听懂了，“如果预期的价值继续升高，就可能会有人出更多的钱来买你们手里的股份。”

我心悦诚服地看着他，赞叹道：“你理解这些东西可真快。”

“是啊，他的确领悟得很快！”特伦夫太太也表扬说，“不是每个人都能像他这样迅速理解的。”

“我就觉得太难了。”莫妮卡抱怨道。

“股票的优势就在这里，”特伦夫太太乐呵呵地说，“我们不用自己创建公司，只需在公司参股就行，也就是说，买下公司的股份，也就是股票。”

“这么说来，我可以用自己的钱让别人替我工作。”莫妮卡高兴地说。

但我还是有点疑问：“如果没有人肯买我的股票，那该怎么办呢？”

“那你就得降低价格，直到有人认为按这个价格买进有利可图。买家永远都有，关键在于出价的高低。”

“那就可能会亏损。”我不太满意地说，我可不想要这样的结果。

“没错。”特伦夫太太说，“可你只有卖出股票的时候，才会有亏损。只要一直持有这些股份，将来就有可能以更高的价格出手。”

“那么这段时间里，我就什么也得不到？”我觉得有点不可思议。

“不，在这期间，你可以参与所有的分红。”特伦夫太太打消了我的顾虑，“一旦公司盈利，就会把利润分配给所有持有股份的人，这就是红利。”

“这就是说，马塞尔会定期地把他赚到的钱分给我们？”莫妮卡兴奋地问。

“公司一般每年会核算一次盈利，然后再决定如何使用这些钱，比如用一部分钱来购买改善工作条件的新设备，另一部分钱则拿来分配给所有持有股份的人。”

“这么做谁来决定呢？”莫妮卡问。

“所有持有股份的人呀，按少数服从多数的原则。这就是所谓的股东大会。”特伦夫太太说。

“我喜欢这个办法。马塞尔在经营公司时需要学习的东西，我自己不一定要会，”莫妮卡把这次的谈话内容做了个总结，“但我还是能够利用手里的股份和他一样去挣钱。这真是个天才的主意！”

“但我们还是得深入了解他的公司。”我补充说，又看了一遍写在纸上的三大投资准则，“我总觉得，按您的解释，股票投资既不是特别保险安全，也不是特别容易理解和操作，它似乎只满足第二条标准：有获得高收益的可能。”

“如果我们自己去买股票，的确是这样的。”特伦夫太太肯定了我的看法，“不过，我们还可以请别人帮忙筛选哪家公司的股票值得购买。”

“我觉得这个比较适合我。”我说，“但谁会为我们做这件事呢？”

“等我们下次碰面时，我好好讲给你们听。”特伦夫太太向我们保证，“今天我们学了不少了，还把钱存进了银行。下一步我会告诉你们，每个小孩都能从股票中获利，即使不太了解这方面的知识也没事。”

马塞尔不同意她的说法：“像我这样聪明的生意人，是不会让钱躺在银行里睡大觉的，不然根本得不到什么利息。”

老太太笑了，说：“我觉得你很有意思。你真的非常专注于盈利，而且真的很会赚钱。说到底，我们只会在自己关注的领域取得进步和成功。”

“那到底该怎么用我们的钱进行投资呢？”马塞尔问。

“不不，”特伦夫太太反对说，“不要急着投资。在投资之前，必须先弄清楚自己究竟在做什么。在我们开始行动之前，我还要告诉你们一个绝妙的投资方法，另外，我先得准备一些相关的材料。有一种方法，可以让你们参股所有深受小孩喜爱的公司。”

“我喜欢麦当劳和可口可乐。”我赶紧说。

“我喜欢乐高！”莫妮卡叫道。

“那下次我会告诉你们，怎么才能拥有这几家公司的股份。”老太太神秘兮兮地向我们承诺。

我们都巴不得明天就召开下一次会议，可是特伦夫太太需要几天时间准备材料。于是，我们几个金钱魔法师决定，下次会议将于五天后进行。

第十五章

演讲

在投资俱乐部的下一次聚会之前，海娜女士来到我家，和我商量演讲的事。我本来想把演讲内容逐字逐句地写下来，但善于演讲的海娜女士劝我不要这样做，否则听起来会很不自然。

我们决定还是遵照一开始的计划：海娜女士向我提问，我来回答。我们商定好几个问题，我试着给出答案。就这样排练了一会儿。

距离上台演讲的那个星期六越来越近，我也越发紧张不安。我几乎恨不得自己一病不起，或者干脆祈祷演讲活动取消。

星期六的早上终于来临了，我前一天晚上根本没睡好，早早就醒来了。我躺在床上，感到四下无声，时间好像静止了一般。慢慢地，我陷入一种莫名的惶恐，脑子里一片空白，一点都不想吃早饭，一口饭都吃不下。

我究竟是在干什么呢？真是太荒唐了！为什么要答应去演讲呢？当时一定是失去了理智。要勇敢啊，我给自己打气——可是，肚子里咕噜咕噜响个不停，这可不是什么好事！我快受不了了。

这时，钱钱摇着尾巴凑到我跟前。“这会儿你也帮不了我了，”我叹着气说，“我真是自讨苦吃。我从来没做过演讲，现在却一下子要站在几百人面前说话。”

突然，我发现钱钱嘴里叼着什么东西。原来是我的成功日记。

“你真好，钱钱。”我一边说一边使劲地摇头，“可是这没有用，我这会儿完全没办法集中精神做任何事情。”

钱钱不肯让步，它咬着日记本，用严肃的眼神看着我。我有些烦躁地想把它推到一旁，它却敏捷地闪开，把日记本丢进了我怀里。我刚想把日记本扔到一边，它却汪汪冲我叫了起来。

看到它着急的样子，我忍不住笑了，顿时感到轻松了一些。打开日记本时，我不由得想起了上次和钱钱的谈话。

我就是在看了成功日记之后，才鼓起勇气决定去演讲的。

我心事重重地翻看着日记本，不由自主地读了起来。瞧瞧我做成了多少事啊！挣到了钱，找到了工作，经历了“女巫小屋”里的历险，开设了银行账户，学会了和钱打交道，还帮助爸爸妈妈改善了财务状况……看着看着，我竟然入了迷，把即将到来的演讲忘到了脑后。我突然觉得，凡是我想做的事情，差不多都能做到呀！

我足足看了半个小时，感觉好多了。到了该出发的时候了，我穿好衣服，想去车库里推自行车，这时爸爸妈妈从厨房里走了出来——他们竟然要开车送我去！我不禁心头一震，天啊，我做梦也没想到过，爸爸妈妈也会成为我的听众！我茫然地带着钱钱钻进了汽车。路程并不远，我抱紧钱钱，感觉平静了一些。

海娜女士已在学校门口等着我了。她十分高兴地和我打了招呼，拉起我的手，和我一起走进学校的大礼堂。这会儿里面已经挤满了人。真是人山人海呀！我们在第一排坐了下来，尽管还没轮到我上台，但我总觉得每个人都在盯着我看。

突然，我听到了一个熟悉的声音。我转过身去，在身后的走廊上看见了一张熟悉的面孔——是金先生。他坐在轮椅上，一脸和气的司机女士正推着他向我走来。我喜出望外地朝他们打招呼。

“吉娅，今天可是你的大日子！”金先生对我说，“我不想缺席。你爸爸妈妈都告诉我了。”

我感动极了，一时不知道说什么才好。这时我才注意到，和金先生一块儿来的，原来还有一群熟悉的朋友：马塞尔、莫妮卡、特伦夫太太、哈伦坎普先生和他的夫人，大家全都来了。我一一问候他们，虽然心里还是紧张得要命，但看到朋友们都在这儿，我安心了不少。尽管我的心里就像揣了一窝小兔子一般惴惴不安，但我很清楚，一定会闯过这一关的。

海娜女士向我示意，该我们上场了。我站起身，钱钱默契地跟了过来。带着小狗上台可能看起来有点滑稽，但我觉得没什么不好的。

我们站在麦克风前，海娜女士开始讲话了：

“亲爱的同学们、家长们、老师们，你们知道，我一直非常希望孩子们能够从小学会与金钱打交道。长期以来，我一直在寻找一种合适的方式，好让你们了解金钱。有一天，我遇上了一位年纪很小的顾客，她的理财能力却比很多大人都要强。她每个月都能挣到不少钱，还设计了一套绝妙的方法，对钱进行分配。我这里所说的，是一个普普通通的女孩，前不久，她还在为零花钱不够用发愁。后来，她得到了一些非常不错的建议，现在她已经积蓄不菲，甚至可以用自己的钱实现她的两大愿望：去加利福尼亚交流学习和买下一台笔记本电脑。

“这个女孩名叫吉娅，今天，她来到了这里，和你们分享她成功的秘密。”

说完，海娜女士转向我，说：“吉娅，欢迎你来到我们学校。衷心祝贺你取得的成功，很高兴你愿意回答我的几个问题。好，我的第一个问题是，你怎样分配你赚来的钱呢？”

我向听众们讲述了我的方法，以及“鹅与金蛋”的故事。海娜女士继续提问，我又和大家分享了小孩挣钱的方法、我的成功日记和许多别的事情。

在回答这些问题时，我不停地看向金先生，只见他频频点头；还有马塞尔，他不停地向我竖起大拇指。他们是想告诉我，我的回答棒极了。就这样，我的紧张和不安通通不翼而飞！

不知不觉，我终于说完了最后一句话，海娜女士郑重地向我致谢，全场爆发出雷鸣般的掌声，就连钱钱也响亮地叫了起来。我想赶紧下台，海娜女士却牢牢拉住了我。我只好勉强又在台上站了一会儿，接受观众们的欢呼。这种体验太奇妙了！

当我回到朋友们身边时，赞扬的话也像潮水一般向我涌来。妈妈骄傲地拥抱了我，爸爸抚摸着我的头发。一阵热闹过后，金先生诚恳地对我说："我真的为你感到骄傲！"

我有些害羞，赶紧说："我太紧张了，忘了好多本来想说的东西。"

金先生认真地说："你很有演讲天赋，大家都喜欢听你讲话，没人在乎你原来想说什么。来，试试心安理得地接受我的夸奖吧。我刚刚说的这些话，可是很少说出口的：我真的为你感到骄傲！"

他微微停顿了一下，好让我想想他的话。然后，他又说道："如果你没有强迫自己，你就永远都不知道自己的能力究竟怎么样。别忘了，最让我们感到骄傲的事情，往往就是那些最难做到的事情。"

我开心地笑了。我真高兴，我做到了！

活动结束之后，一位女士从人群中挤到我身边。她说她是一家出版社的负责人，建议我将自己的故事写成一本书出版。

马塞尔在一旁听到,立刻激动地说:“我都想好书名了!就叫《从洋娃娃脑袋到金钱魔法师》!”

我不满地瞪了他一眼。我对出书兴趣不大，但还是把我的电话号码给了她。毕竟，我没办法告诉别人，这一切都是钱钱的功劳。

我很快向那位女士道了别，对爸爸妈妈说，我想自己走路回家。我实在等不及要和钱钱单独相处一会儿。

我沉默地牵着钱钱走过大街小巷，中途还给它买了一大包饼干。然后，我们绕了一段路去秘密基地。

直到踏踏实实坐在地上，我才意识到刚才有多么紧张。这会儿,我彻底放松下来,竟然忍不住轻轻哭了起来。不过，我可没感到难堪，心中更多的是幸福和自豪。这种感觉像一团火一样在我的心头跳跃，我平生头一次意识到，我真的能做成很多事情，带来很多改变!

我的内心充满了感激，我的生活发生了多么巨大的变化啊!

我心潮起伏地看着钱钱，突然意识到，我和它之间的关系很快也要发生变化了。不过，不管遇到什么，我都不会再感到不安了。

股票
基金

第十六章

投资俱乐部在行动

我们终于又聚在特伦夫太太家的屋子里，迫不及待地想要开始投资了。

老太太为我们准备好座位，点亮了蜡烛。等我们落座后，她便郑重宣布会议开始："亲爱的金钱魔法师们，今天是一个伟大的日子，我们将开始我们的第一笔投资行动。"

我们一动不动地坐着，没有人说话。

"10000 欧元是很大一笔钱，"特伦夫太太沙哑的声音响了起来，"因此我们必须做出明智的选择。但我给你们的建议，只有在经过所有人的同意后，才能遵照执行。"

"我同意。"莫妮卡很快说道。

"不要着急。"特伦夫太太说，"我先介绍一种投资方法，它可以让你们拥有心仪公司的股票。”

“那就买下这些公司的股票好了，”马塞尔提议说，“我们的钱加在一起足够了。”

“还记得吗，我曾经说过，有一种更简单的投资方法，”特伦夫太太接过话头，“这种方法就是基金。”

“激进？”莫妮卡有点摸不着头脑。

“基金,听起来和‘激进’差不多,但却是另外的两个字。”老太太解释说，“看看你们面前的纸，上面写着一些关于基金的要点。”

特伦夫太太让我给大家读一读。

> 基金就像是一口大锅，很多投资人把自己的钱投在里面。这些投资人因为没有时间，没有相关知识，或者缺乏兴趣，不愿意亲自购买股票，所以委托金融专家，也就是所谓的基金经理，用“锅”里的钱来进行股票投资。政府会对此进行严格的监管，基金经理也必须遵守相关规定，比如，他们必须购买至少 20 种不同的股票。

“这是为什么呢？”马塞尔插话说。

“因为单个公司的情况很有可能会出问题。”老太太解释说，“假设你有 500 欧元，你用这笔钱购买了 20 股某家公司的股票，每股的价格是 25 欧元，如果现在这只股票的价格跌掉了 40%，那么你就只能以每股 15 欧元，而不是 25 欧元的价格卖出去了。你把它们卖掉的话，就只剩下 300 欧元了。”

“那可实在是糟透了。”马塞尔评论道。

“因此，基金经理们才必须要购买至少 20 家不同公司的股票。还以 500 欧元为例吧。假设我们现在用这些钱买入 20 种不同的股票，如果其中一种股票的价格下跌了 40%，而其他的保持原来的水平，那么我们手里还剩 490 欧元。”

马塞尔飞快地算了出来：“那么按总共 500 欧元计算，我们只损失了 2%。”

“没错，看来你已经理解了！”特伦夫太太夸奖他说，“事实上，总有一些股票的价格下跌，一些股票的价格上涨，还有一些几乎保持不变。总的来看，上涨的股票占多数，基金经理可是相当专业的。”

“如果所有的股票都下跌怎么办？”我担忧地问。

“这时可绝对不能卖出。”老太太继续解释，“还记得上次讨论股票时说过的话吗？在这种时候卖出股票，你才真正会有损失。”

马塞尔一边思考，一边大声说：“那么，我们只能把暂时不用的钱投进基金里，对吗？”

“完全正确。”老太太高兴地说，“一旦计划投资基金，就说明我们打算将一笔钱放在里面至少10年。对那些能等待这么长时间的人来说，基金几乎是一种零风险的投资。”

“也就是说，大多数股票在这么长的时间里总能获得丰厚的盈利。”马塞尔推断说。

莫妮卡一直都很安静，这可一点也不像她。这会儿，她也激动起来：“假如基金经理拿着我们的钱跑了，那可怎么办呢？”

“他不可能这样做，因为他永远也不可能拿到这些钱。”特伦夫太太笑着说，“投资人的钱都直接汇入一家托管银行，并在那里接受监管，百分之百安全。”

大家对这个解释感到很满意。于是，我继续往下念：

基金满足所有的投资要求，由于它的这些特点，它很适合儿童和青少年。如果能在超过十年的时间里不动用这些钱，那么基金投资是非常安全的，能够带来丰厚的利润……

“什么叫丰厚的利润——到底有多少钱呢？”马塞尔打断了我。

“平均每年 8% ~ 12% 的收益率是有可能的，”我们的老师特伦夫太太回答说，“已经有很多很多成功的基金连续多年保持这样的收益水平了。”

“12% 是多少？”莫妮卡问。

“是 6% 的两倍。”马塞尔教训她说。

“说得不全对，最后你得到的会更多。”特伦夫太太说，“我给你们举个例子，看看 8% 的年收益率会给我们的财富带来怎样的变化。25 年之后，我们的 10000 欧元差不多是现在的 7 倍，也就是大约 68000 欧元。”

“哇！”马塞尔不禁喊出声来。

“这可真是一只‘大肥鹅’！”我高兴地说，那只下金蛋的鹅的故事，我早已经烂熟于心了。

“另外，我们每人每个月还会存 50 欧元，加起来就是 200 欧元。如果这笔钱也有 8% 的年收益率，那么 25 年之后，我们的钱会有 260000 欧元。”特伦夫太太补充道。

这个数字像一道闪电击中了我们，大家突然集体安静下来。这么大一笔钱，实在是超出了我们的想象！

又是马塞尔首先回过神来："啊，这些钱数超过了一百万的四分之一！"

"到时候，我们就是名副其实的'金钱魔法师'了！"莫妮卡也高兴坏了。

"那样的话，你们每个人的钱就足够买一套公寓了，而你们那时候还不到 40 岁呢。"看到我们这么高兴，特伦夫太太也乐开了花，"如果你们决定拿这笔钱继续投资 10 年，那么最后它还会增加不止一倍，差不多有 600000 欧元哪！"

我感到一阵眩晕。好多好多钱啊。当然，这是属于我们大家的钱。具体到每个人，25 年后也有 65000 欧元，35 年后就是 150000 欧元。真是太酷了！我觉得我们给俱乐部起的名字太棒了，我们真是货真价实的"金钱魔法师"啊！

这时，所有人都看向我，我才意识到刚才光顾着开心了，竟然忘了接着往下念。我脸一红，赶紧开始念：

基金也符合第三条投资准则，它的操作简便，几乎就和持有普通的银行账户一样简单。

我对开户已经有了亲身体验，确实是小菜一碟。

特伦夫太太的目光依次从我们身上掠过，她问："如果把钱投资在基金上，你们觉得如何？"

莫妮卡当即表示同意。令人吃惊的是，她也立刻明白了基金的全部优势，总结道："我们的钱是安全的，可以在25年的时间里增长至260000欧元，而所有的交易手续也很简单，办理起来和在银行开户没什么区别。"

我当然也举双手表示赞成。

只有马塞尔还在犹豫："这种投资方式对我们来说最好不过了，但我们怎么知道应该选什么样的基金呢？基金也有各种各样的吧，就像有各种各样的股票那样。"

"你说得对，确实有成百上千种不同的基金。"特伦夫太太肯定了他的说法，"但如果仔细去看，就会发现能进入我们考虑范围的选择其实没那么多。我已经在一张纸上写下了最优基金应该满足的标准。"

她看着我，我翻到下一页，继续大声朗读：

筛选优质基金时的注意事项：

1.基金应当至少有10年的历史，如果它在过去这么长的时间内取得了良好的收益，那么我们可以认为，它在未来同样会运作平稳。

2. 应当是大型的跨国股票基金。这样的基金在世界各地投资股票，因而能够分散风险，非常安全。

3. 通过排名表对基金的走势图进行比较，找到过去10年里收益表现最好的基金。

我们都沉默了，思考着应当注意的这几点。

马塞尔紧锁着眉头，他在认真思考时总会露出这样的神情。“我们在哪儿能找到这样的排名表呢？又怎么知道哪些基金是‘大型的跨国股票基金’呢？”

“要想知道的话，”莫妮卡神神秘秘地说，“只要翻到下一页就好了。”原来她抢先往下看了。

特伦夫太太真的在我们的文件夹里夹了一张基金排名表。

我们急忙研究了起来。找到好的基金其实很容易，一些基金的收益就是比另一些的高得多。

“最后一栏里的‘波动率’是什么意思？”莫妮卡看不明白。

“就是价格的变化幅度。价格变化越大，这一栏里的数字就越大。看了这个，投资人就能明白，他的心脏需要经受多大的考验。波动越大，投资人心理上经受的波动也就越剧烈，因为价格可能会突然大幅上涨，几天后又急剧下跌。”

“那么，波动率越小，风险就越小吗？”马塞尔问。

“从某种意义上说，是这样的。”老太太说，“波动率小的话，至少会让人觉得更安全些，收益的增长也更平稳些。”

“为什么不干脆就叫价格变化呢？干吗非要叫‘波动率’这么难懂的名字？”莫妮卡抱怨道。

我们都深有同感。

特伦夫太太笑了起来。“金融家们有时候就是这么奇怪。也许随口说出一大串别人都听不懂的概念，会让他们自我感觉良好吧。可惜的是，很多人因此认为自己搞不懂投资，而对于弄不懂的事情，人们当然是不会相信的。可实际上，这些东西就是这么简单。”

现在，我们可以从表上看到这些基金获得了多少收益，以及它们的收益是否持续平稳。

但知道这些还不够。“我们怎么知道哪些是特别安全的投资全球股票的大基金呢？”

莫妮卡又发话了：“只需翻开下一……”

“真是个机灵鬼。”我打断了她，迅速翻到下一页。特伦夫太太又给我们准备了一张表，上面共有 20 只基金，分别列出了它们的规模，最近 10 年、5 年和 3 年的收益，所投资股票的范围，甚至还标注了它们重点投资了哪几家公司的股票。

“嘿嘿嘿，”我们听到马塞尔说，“这儿有个基金很有意思,看介绍也很适合刚入门的人。这个基金投资的不是股票，而是其他基金。快看看都有哪些——恰好都是我们的文件里列出过的，其中有一只基金购买了我们最感兴趣的公司的股票：可口可乐、乐高、迪士尼、麦当劳等等。”

我们连忙仔细看了起来。

“好家伙，这只基金的规模可真不小，最近 10 年挣了好多钱啊！”莫妮卡兴奋极了。

“每年的收益超过 10%，价格波动也不大。”我补充道，又问特伦夫太太：“这只基金怎么样？”

特伦夫太太微微一笑，说：“嗯，这是一只组合型基金，也就是基金经理将不同的基金组合到了一起。基金经理不再直接投资股票，而是投资他选中的基金。这种基金非常安全。

“设想一下，假如每只基金都从世界各地购买 100 种不同的股票，而基金经理购买了 15 只这样的基金，组成一只组合型基金，其实相当于你从世界各地购买了大约 1500 种不同的股票。也就是说，投入区区 10000 欧元，你就拥有了这么多公司的股份，是不是很棒？”

我们很快达成一致，这只组合型基金就是最适合我们的。

特伦夫太太满意地笑了：“我自己私下看中的也正是这只基金。太好了，我们意见一致。”

她看着我们，问：“你们知不知道，如果我们将来也能获得超过 10% 的年收益，究竟意味着什么？”

我们耸了耸肩。

“用一个很简单的公式，也就是 72 公式，可以省去很多看复杂图表的时间。”老太太解释说，“用 72 除以你所投资金的年收益率，就是这笔钱翻一倍所需要的年数。”

“什么？”莫妮卡嘟囔了一声。

“72 除以 10 等于多少？”特伦夫太太问。

“7.2。”马塞尔飞快地算了出来。

“正确！这就是说，如果每年的收益率是 10%，那么大约需要 7 年时间，你的投资就会翻一倍。”

马塞尔一边心算一边说：“如果想知道 15% 的年收益率需要多久翻一倍，就用 72 除以 15，那就是……4.8 年。”

“简言之，按 15% 的年收益率来算，大约 5 年后你的资金就翻一倍了。”老太太总结道，“也就是说，如果我们将来也能获得 10% 的年收益率，那么我们的 10000 欧元在 7 年后会增加到 20000 欧元，14 年后会变成 40000 欧元，21 年后会变成 80000 欧元，28 年后就是 160000 欧元。”

“这可比我们之前按 8% 的年收益率算出来的高多了！”我高兴极了。

“而现在我们只需购买组合型基金就能做到，这个办法真是天才呀！”莫妮卡兴奋不已。

一旦做好决定，剩下的就是小事一桩了。我们填写了一份表格，签上了每个人的名字，然后将表格寄到查询到的地址。几天后，基金公司回复说，已经帮我们开好了账户，于是我们往这个账户上汇入了 10000 欧元。

我们本想将每月攒下的 200 欧元也投入这只基金，但特伦夫太太说服了我们，于是我们另外选择了一只风险系数更高的组合型基金。这样一来，我们既平衡了风险，也提高了盈利的可能性。

这段时间以来，我有太多素材可以写进成功日记了：我的演讲，我为此做出的挣扎和努力；我得到的夸奖；我不断增长的收入；我和金钱魔法师们一起做出的投资……

我已经不再需要久久地冥思苦想了——似乎我在成功日记中写得越多，获得的成功也就越多。也许其中的奥秘在于，我越来越敢于放手去做了。

我和钱钱又有很长时间没有说过话了，我似乎不再那么渴望和它说话了。陪它玩，和它一起散步，就已经让我感到很满足了。我喜欢它待在我身边，哪怕是写家庭作业的时候，它也会蜷缩在我脚下，长久地、专注地看着我，不知不觉间，它就睡着了，浑身散发出一种令我无比安心的气息。

第十七章

爷爷奶奶害怕风险

投资俱乐部的会议继续按期举行，我们总是有很多东西需要学习和讨论。我们每个月记录一次基金的价格变化，这样就能确切地知道当前可能以什么样的价钱卖出。

特伦夫太太认为，这种做法将来就没有必要了，不过一开始，我们倒是可以从中学到很多。她总是说："我们最好投资一个大型的跨国股票（组合型）基金，5 到 10 年的时间里都不要去管它，等以后我们再去查看价格变化时，绝对会有一大笔丰厚的收益。"

在很长一段时间里，这只基金的价格起起伏伏，不亏不赚，几乎没什么进展。但是到了 10 月份，它的价格突然大幅下跌，我们手中的股份仅仅只值 8000 欧元，损失了 20%。

这次聚会，我们个个垂头丧气地坐在桌边，金钱魔法师们如今看起来就像是待宰的羔羊。这实在出乎我们的意料，我们还以为这只基金的价格会冲着 50000 欧元一路高歌猛进呢。

“把蜡烛吹了吧。”我提议。我实在提不起精神来。

马塞尔也出奇地沉默,只有莫妮卡很快打起了精神:“我爸爸今天在饭桌上对这件事评论了几句……我记不太清了，可他一点儿都不慌张。他说，他现在可以用一个好价钱买入了，叫什么‘低估值’，他是这么说的。”

“你爸爸说得对！”我们听到了特伦夫太太的声音。我们一起看向她，才发现她脸上的表情坦然，没有一丝不安。

“您好像对亏损一点也不在乎？”马塞尔问。

“我们没有亏损啊。”

“有啊，而且亏了差不多 2000 欧元呢。我不喜欢这样，感觉糟糕透了。”马塞尔愤愤地说。

“只有当我们把它卖出的时候，才会有亏损。可我们不会卖的。”特伦夫太太说。

“话是这么说，可我还是觉得自己像只可怜巴巴的狗。”

“这跟狗有什么关系？”我生气地说。

一时之间，气氛竟变得有些紧张。

特伦夫太太被我们逗笑了:“我第一次遇到行情大跌时，反应和你们一模一样。我恨自己为什么要买这些股票，还非常担心它会一跌再跌。在这种时候，报纸上就到处是负面的预测，说什么全球经济危机就要开始了，市场将要面临永远的寒冬之类的。”

马塞尔和我对视了一眼，我们都被她的话镇住了——我们可压根都没想到，价格还可能进一步下跌!

特伦夫太太自顾自地咯咯笑着，她的笑声非常轻松，对比之下我们的担忧反而有点多余。“我经历过好几次这种所谓的危机。一两年之后,市场总会恢复的。每次都是如此。所以，现在再出现类似的情况，我就不会大惊小怪啦。”

可她的话根本说服不了我:“要是股票市场真的出现了永远的寒冬怎么办?就像您刚才说的那样。”

“‘寒冬’这个词已经说明了问题，冬天只是一个季节，四季之一罢了。我活了这么久，总会见到冬天之后有春天、夏天,夏天之后又有秋天和冬天,大自然中的四季循环往复，股票市场同样如此，从前是这样，将来也是这样。”

“这么说来，我们当时应该等等，到‘冬天’的时候再投钱进来。”马塞尔若有所思地说。

“如果那时就知道‘冬天’马上要来临，那就顺理成章了。可问题是，我们并不能未卜先知。价格也有可能节节攀升，那样的话，我们就会懊恼自己错过了大挣一笔的好时机。眼下就像莫妮卡的爸爸说的那样，是再次买入的好时机。可以推断的是，未来3到5年，价格不仅会回到我们买入时的水平，还会超出20% ~ 30%。那么，我们原来投资的10000欧元就会变成12000 ~ 13000欧元。如果现在再买入10000欧元，到时候这部分资金就会获得50% ~ 60%的盈利，也就是说，第二个10000欧元会增加到15000 ~ 16000欧元。”

“因为我们是以低估值买入的。”莫妮卡装模作样地说着从爸爸那儿学来的词儿。

“什么叫低估值买入？”我问。

“意思是说，”老太太解释道，“我们可以用比它们实际价值低的价钱购买股票和基金，而且用不了多久，就会有人愿意按实际的价值把它们买进。这样一来，我们就能将丰厚的利润收入囊中。”

马塞尔是个急性子，他总是想立即做出决定，马上开始行动：“趁现在是低估值阶段，我们赶紧低位买入吧。快看看咱们能不能每人拿出2500欧元，再凑齐10000欧元。

我没问题，你们呢？”

我们都挣到过不少钱，莫妮卡的爸爸妈妈给了她很多钱，特伦夫太太自然不成问题，我的账户上也还有一些可用于投资的存款，只是还不够多——还差 1370 欧元。无论如何，我是不会动用梦想储蓄罐里的钱的。

可我也不想因为自己而耽搁大家的计划，就拼命地想啊想啊，突然，我想到爷爷奶奶也给我存了一笔钱，他们定期把钱存入存折里，想为我将来的学业做准备。现在，存折里至少有 3000 ~ 3500 欧元了。

我把我的想法说给大家听，然后，我们决定第二天召开特别会议。在此之前，我得去找爷爷奶奶谈一谈，告诉他们存折怎么说也不是一个理财的好选择。金先生总是说，存折就是个“金钱粉碎机”。

离开特伦夫太太家后，我便去照料那几只狗，它们还在等着我呢。直到吃过晚饭，我才终于有时间去爷爷奶奶家了。一进门，他们就给我端来了美味的饼干和奶奶特制的可可——世界上再没别人能做出这么好吃的可可！

我满怀信心，觉得很容易就能让爷爷奶奶明白，现在正是买入基金的好时机。可我大错特错了。

最近发生在我身上的事情，爸爸妈妈已经跟爷爷奶奶说过很多了，所以我三言两语之后就直奔主题。我一边吃饼干，一边告诉他们，我们成立了投资俱乐部。另外，我把特伦夫太太给我们准备的文件夹也带来了，认为这样可以把我们的投资活动说得更清楚一些。我还准备好好介绍一下那两只我们买入的基金的情况，反正它们的价格走势我们一直都在记录。

可爷爷听了没几句，脸上全是震惊："吉娅，我的孩子，这可太危险了！你会把钱全赔光的。"

我试着跟他解释我学到的知识：只有在我实际卖出基金的时候，才会真的遭受损失。因为行情总是会回升的，股票市场上也有夏季与冬季的循环交替，不过，长远来看，股票和基金的价格总是不断上升的。另外，股票市场确实曾发生过很多次危机，有的甚至非常严峻，但最终总会雨过天晴，而且行情还是会不断攀升。

但爷爷一句也听不进去，他还得到了奶奶的声援："吉娅，安全是最重要的，我们这辈子见过好些人，都被骗子骗光了全部身家。"

"啊，奶奶，这完全不是一码事。"我反驳说，"基金公司管理着几十亿的资金，都是受到监管的，没有人能乱动里面的钱——政府和银行都会进行监督的。"

“股票太危险了，”爷爷根本不听我说话，“不要再碰股票了！”

“你们什么都不知道，”我脱口而出，“怎么可以这样随便就下结论呢？下结论之前，至少也看一看我们的投资是怎么回事啊。你们不能因为自己不熟悉，就说这事儿危险哪！”

奶奶晃动着手指警告我：“小孩子得听大人的话。我们活了这么久，比你们的经验丰富多了。”

爷爷赶紧补充说：“骄兵必败。老话说得好，宁要有把握的小利，不要无把握的大利。”

我失望透顶，恨不得大喊几声，只得连忙告辞回家。我甚至连自己的愿望都没来得及说出口。看来，从爷爷奶奶那儿拿钱去投资是不可能了，他们还反过来劝我不要再继续呢。我不知道该怎么办才好，爷爷奶奶的话似乎还起了一点反作用，我心里开始隐隐地感到不安。

一回到家，我就赶紧给金先生打电话。幸好，他这会儿有时间跟我说话。我把那只基金的大跌和爷爷奶奶对我投资的反对意见都告诉了他。

他饶有趣味地听完，笑着说：“你得理解爷爷奶奶，他们是为了你好，不想让你遭受损失。他们做了自己能做的一切。”

“但这实在是太糟糕了。他们都不肯好好听我说。”

“到了他们这个年纪，也许是吃过几次亏的，所以现在想要保护自己，也想保护你。这也情有可原。不过说真的，你应该感谢爷爷奶奶，他们可能帮你避开了一个错误。”

“什么错误？”

“我认为，现在继续投入10000欧元不是个好主意，5000欧元就已经足够了。”

“为什么呢？现在投入的钱越多，将来赚得也更多呀。”

“那是当然了。”金先生耐心地解释说，“可要是价格持续下跌怎么办？到那时，你们就会后悔投入太多资金了。而且，你手头最好始终储备一些钱，这样就可以随时再低价买入了。”

“可我们并不知道是不是真的还会继续下跌啊。”

“没错，我们不知道。没有人能知道。所有试图预测未来走势的专家也总是一而再再而三地犯错。真实的情况往往和我们想象的不一样。正因为这样，你才应该始终储备一些钱，不能把你全部的‘养鹅’资金都投资在股票或基金上面。”

“我还以为基金是一种绝对安全的投资呢。”我将信将疑地嘀咕着。

“基金的确很安全，尤其是当你投资它的周期足够长时。就算价格暂时跌至谷底，也总还是会慢慢回升的。但出于分散风险的考虑，你应该把一部分钱放入绝对无风险的投资中。”

“您是说，我应该把一部分钱存进存折？”我大吃一惊。

“不，你知道我对存折的看法。银行还提供了一些好得多的选择。比如，你可以购买一些隔夜理财产品[1]，根据市场行情变化获得一定的利息，比如眼下的利息率大概有3.5%。这笔钱你随时可以动用。”

“3.5%——听起来不怎么样嘛，我靠这个可变不成有钱人。”

金先生大笑起来：“是的，你不能靠这个致富。实际上，你的财富根本都不会增加，因为通货膨胀就能吃光这些利息。”

“什么是通货膨胀？”

“就是钱在贬值，你的钱不值钱了。比如，你今天用

1　隔夜理财产品，一般包括货币基金、国债逆回购等隔夜生息到账的产品。——译者注

25 欧分买一个小面包，几年以后，买它可能就需要 50 欧分了，那么 25 欧分就只能买到半个小面包，也就是说，钱的价值缩水了一半，这就叫通货膨胀。”

“那我怎么才能知道通货膨胀率是多少呢？”

“目前大约是 3%。要是你想算清楚这个百分率意味着什么，我可以告诉你一个相当简单的公式，也就是 72 公式。这个公式非常实用，可以很快算出多少年后你的钱可以翻一倍，也可以用来理解通货膨胀，算出在某种通货膨胀率下，钱的实际价值在多少年后会减半。比如，用 72 除以 3，得到 24，那么 3% 的通货膨胀率就意味着，24 年后你的钱只值现在的一半。”

资产贬值的速度竟然这么快，我惊呆了。“这么说来，通货膨胀率几乎和隔夜理财产品的利率一样高。”

“没错！所以我才将存折称为‘金钱粉碎机’，因为你得到的利息连通货膨胀带来的损失都无法弥补。”

“但隔夜理财的利率也好不了多少啊。”

“没错，但是除此以外基本上没有别的选择了。毕竟，你不能把所有的钱都拿来买股票，即使你现在还很年轻，也得留着备用的资金，这样才能达到分散风险的最佳效果。”

他还是没有完全说服我。“真的没有从银行得到更高利息的办法了吗？”

“当然还有一些利率更高的投资产品，但购买这些产品，你就得承诺将钱存放在银行里更长一段时间。这样做的缺点在于，碰上了好的低价买入时机，你就不能马上采取行动了。”

“我应该拿多少比例的钱购买隔夜理财产品呢？”

“这得根据你的具体情况而定。你现在年纪还小，所以拿出 20% 的钱就足够了。”

我觉得今天金先生不会再对我多说什么了，所以衷心向他表示感谢，然后挂断了电话。

其实我很想问问他，我到底具体应该买多少钱的隔夜理财产品，又该拿多少钱继续买入基金。但和他打交道的经验告诉我，他从不会给我具体的建议，只是教会我一些原则。怎么实施这些原则，就是我自己的事了。我知道，他这是希望我学会为自己的财务状况负责，而不能总是依赖别人。

于是，我就自己算了起来：我现在有 1130 欧元，而明天正好是我领薪水的日子，我还能得到 360 欧元！另外，又有一些邻居和我约好了帮他们训练狗狗，这样明天我还能再得到 180 欧元。

我把现有的存款和明天能拿到的这540欧元都算上，一共是1670欧元。我决定明天向其他几位金钱魔法师提议，每人再买入1250欧元就可以了，剩下的420欧元我要换成隔夜理财产品。真期待去见海娜女士——学会选择一个支持我的顾问帮我在银行开户，是多么重要啊！

我心满意足地上床睡觉了。躺在床上，我觉得自己找到了完美的解决办法，而且更加确信，自己又度过了精彩的一天。实际上，我的每一天都是一次独一无二的历险，我从来不会感到无聊。而这一切，都是从钱钱教我认识金钱开始的。

这会儿，这只白色的拉布拉多犬就睡在我床边，我抚摸着它，思绪万千。发生了那么多变化以后，我再也不是一年前的那个吉娅了。我有了这么多新的兴趣和新的朋友：金先生、马塞尔、哈伦坎普一家和特伦夫太太。想着想着，我心里充满感激。我忍不住从被窝里探出身来，狠狠地亲了钱钱的脑袋一口，而它竟像闪电一般迅速地舔了一下我的脸。

“真是个淘气包。”我心里说着，幸福地进入了梦乡。

第十八章
大冒险的终篇

又是几个月过去了。我开始写下自己的经历，我也说不清为什么要这么做，也许是害怕将来会忘记吧。每天写上两页，这并不难，因为写作素材可以随时到成功日记里找。写作给我带来了无穷的乐趣。

日子飞快地过去，而我的历险从未停止。

现在，爸爸妈妈的财务状况已经好多了。金先生成功说服爸爸雇用了两名员工。一开始，爸爸不愿接受这个建议，他觉得自己负担不起他们俩的薪水。但还好，他非常信任金先生，听从了他的劝告。从此，一切就都变了样。现在，他能够集中精力做自己喜欢并且擅长的事情。以前他总是怀疑自己能不能独当一面，现在他却知道，只要将自己不喜欢也不擅长的事情交给其他人就行了。最重要的是，现在爸爸的心情总是很愉快。真是不可思议，一旦可恶的财务烦恼消失，一个人竟然会发生这么大的变化！每天早上，爸爸都充满热情地开始工作，有时甚至还会吹起口哨。只是，他还不如不吹呢，因为他跑调跑得实在太厉害啦。还有，自从买了一辆新车，他每天起床的时间都提前了一个小时。

我自己的生意也蒸蒸日上。现在有很多邻居都托我帮他们遛狗，给它们梳洗，给它们做训练，等等。当然，我早就不是单打独斗了，我向马塞尔学习了怎么动员其他小伙伴加入，比如莫妮卡就从我这里赚了不少钱。但我也遇上了瓶颈，因为我不知道下一步还能从别的什么地方挣到钱。

不过我也知道，有“问题”是一件好事，这样我就得重新寻找机会，也会学到更多东西。我早就买了笔记本电脑，发现可以用它做很多很多事情。我现在能很快地完成家庭作业，作业看起来整洁多了，成绩也提高了不少。

另外，我也在学习用电脑处理数据，哈伦坎普太太给了我很大的帮助。电脑和会计是她的业余爱好。她的帮助真是令我受益匪浅。

当然，我挣到的钱也越来越多。我坚决执行自己定下的规矩：挣来的钱一分为三，其中的50%用于养“鹅”，40%用于实现我的中短期目标，10%用于零花。钱钱一开始让我写在愿望清单中的愿望大都已经实现了，只有美国之行迟迟没有落实，不过我有预感，那将会是一次不同寻常的经历，它会再一次彻底改变我的生活。

我们的投资俱乐部也获得了丰硕的成果。我们买的第一只基金在头七个月中一直下跌，但我们没有卖出，所以也没有损失什么。现在价格已经回升，如果卖掉的话，就会有一大笔收益。但我们没有理由这么做，我们只希望这只“鹅”越长越大。

马塞尔有次提出要卖出基金，“落袋为安”，他是这么说的。特伦夫太太问他，拿到钱之后，怎样才能继续让钱生钱呢？想来想去，我们还是决定选择现在的投资。于是马塞尔很快明白了，卖出是没有意义的。

我们一共买了四只不同的基金。每次金钱魔法师们开会都无比欢乐，我们从特伦夫太太那里学到了很多东西。现在，就连莫妮卡都是个投资行家了，也难怪我们都可以给爸爸妈妈们提供投资建议了！实际上，爸爸妈妈们都照搬了我们的投资策略，一开始他们还遮遮掩掩的，不过没过多久就干脆承认啦。

金先生已经完全恢复了健康，又全身心投入到他的事业中去了。钱钱留在了我的身边。当然，和从前一样，每周六我都会带着它去拜访金先生。我们一起散步，一起享用美味无比的可可点心，一起尽情地聊天。金先生的确是一个金融天才，每一次我都能从他身上学到一些新的东西。最重要的是，他始终把钱视为一种再正常和自然不过的事物，在他的影响下，我对金钱的态度也发生了翻天覆地的变化。

金先生每个月都会给他的客户做一次关于金融投资的讲座，连爸爸妈妈都经常去听。

一个星期六，他突发奇想，问我能不能为他客户的孩子们做个财务讲座。我同意了。第一次只来了 7 名小朋友，但大家口口相传，现在每场都能有 20 到 30 名小听众。每一场讲座我能挣到 40 欧元。

几天前，金先生又有了新想法，他建议我和他一起合作成立公司，帮助小朋友们进行投资。他看到了特伦夫太太给我们准备的那个文件夹，所以冒出了这个灵感。我觉得这个主意棒极了，听起来简直不可思议：我，吉娅，要和金融天才金先生共同拥有一家公司啦。

我问他，为什么偏偏选择和我一起开公司。他的回答简直可以直接写进我的成功日记：“因为你的知识和成功的经验说明，你会是一名合格的合伙人。如果我不确定你会对公司业绩有非常大的帮助，那我宁愿自己做，也不会向你发出邀请。你的加入会吸引更多的小孩成为我们的客户，这是我自己没法做到的。”

我赞同他的话。这也说明，现在我比以前自信多了。

尽管如此，我还是异常激动，我知道，我马上就要开始新的历险了。

我把这些事情全都写了下来。然后，我向后靠在椅背上，读了读笔记本电脑上已经写完的文稿，觉得自己写得真不赖！

我的目光落在了钱钱身上，我看着这只漂亮的小狗，陷入了沉思。我们已经太久没有说过话了，我也一直想问问它为什么会这样。但我又很害怕，我也说不清自己害怕什么，只是隐约感到，一些我不想面对的事情终究会到来。

我决定把一切都搞个明白，毕竟我已经学会了不向恐惧的事情低头。于是，我立刻决定牵着钱钱到森林里去。只不过，那种不安的感觉仍然笼罩着我，我心里酸酸的，一点也不快乐，双腿也变得沉甸甸的，走得越来越慢了。

我们终于到了秘密基地。因为很久没有来过，从前开辟出来的小道已经被新长出来的灌木占满了，我们费了很大力气才来到中间的空地上，可是，就连这儿也不像以前那么舒服了。一切好像都变了。

我悲伤地久久注视着钱钱，祈祷它赶快开口说话。它太久没有说过话了，我有时甚至怀疑这一切是不是只是我的幻觉。这绝不可能！

我有些绝望地祈求钱钱，求它告诉我，它真的会说话。

钱钱脸上的神情终于有了变化，好像突然又回到了它第一次开口和我说话的时候。

“吉娅，我能不能说话并不重要。”

我在心底欢呼，毫无疑问，我听到的就是钱钱的声音。

钱钱不动声色地往下说：“重要的是，你是否能够听到并理解我说的话。就像你现在正在写的那本书一样，有些人读到了它，却可能根本听不见它传达的信息，也不会做出任何改变，而另一些人读过后开始学习如何更聪明地和金钱打交道，从而拥有更幸福、更富有的人生。”

钱钱说完话的那一瞬间，我怀疑自己是不是又做了个梦。钱钱真的跟我说过话了吗？这可真是太要命了。

忽然之间，我清清楚楚地意识到，这不是梦。我说不出为什么，可也好像并不需要理由。同时，我又感到一阵彻骨的寒意，因为我突然很确定，刚才是钱钱最后一次和我说话了。悲伤让我喘不过气来，我弯下腰，张开双手，久久地、紧紧地抱住了钱钱，好像只有这样，它才会再次开口和我说话。

这时，我想起金先生对我说过：不要为已失去的东西悲叹，而要对你曾经拥有它的时光心存感激。

对我来说，这意味着我从此不能再依赖钱钱的帮助了，另一方面，这也不全是坏事，因为只要它不再说话，就不用担心它会遇到危险了。没有人会把它抓去做实验，大家只会把我的故事当成一个小女孩的幻想。我轻声哭了起来。钱钱扭过头，舔着我的脸，这次我没再阻止它。我哭啊哭啊，尽情地哭了好长时间，心里这才好受了一些。

又过了好一会儿，我整理好思绪，回忆起钱钱教会我的点点滴滴。它的话会永远留在我心中。我现在一点也不怀疑，有朝一日我会变得非常非常富有，也许这一天会比我想象的更早到来。我也知道，我的财富不会有损于我的幸福。现在，我可以讲讲我的故事了，不过，没有人能猜得出，到底是我自己幻想出了钱钱的声音，还是它真的曾经开口对我说过话。我心里充满了深深、深深的感激，幸福而安宁。我静静地和钱钱坐在我们的秘密基地里——这是最后一次了。很久很久之后，我突然想到，我该如何为我的书结尾。回家之后，我写下了这样一段话：

> 我希望，能有很多小朋友听见这本书在说话。一只名叫钱钱的小狗和我将会感到由衷的高兴。
>
> 吉娅

后　记

成败由我

教育家、权威儿童心理学家　于尔根·齐默教授

墙一旦倒塌，视野便会开阔

《小狗钱钱》是一个迟到的创举。这本书没有高高在上的说教，而是给了孩子们一个机会，让他们能分享一项成年人的特权——挣钱。就像《少儿与成人》杂志评论的那样，200 多年以来，也就是自从弗里德里希·福禄贝尔创建第一家“幼儿园”以来，他的后继者们出于对童工与儿童剥削的忧虑，将孩子们牢牢禁锢于温和无害的游戏之中，而现在，是时候努力重构“劳动”这一概念了，使之适合儿童，并让儿童有机会更多地参与到成年人的活动中去。

《小狗钱钱》拆除了许多偏见的高墙，更新并开拓了我们的认知：倡导创业行为与企业家精神。这并非鼓励使用童工，而是推崇一种绝不单调，并能点燃激情、激发创造的游戏。

在市场中学习，意味着在不确定性中学习。每一个小小的创业决策中都隐含着小小的风险，如果决策错误，迟早会遭到经济规律的惩罚，而正确的决策最终会带来较高的收益，因而，“创业”与“赚钱”的游戏具备严肃性。市场就像一所课堂外的学校，它可能是障碍，是纵横交错的迷宫，是瞬间决策的场合，是技术迷的工作间，是锤炼与凝聚心智的苦修所，是非常措施的实施地，是头脑风暴的发生场和交易所。把市场当成学校，这是只有在真实的生活中才会产生的梦想。

市场是一种原则，就如民主也是一种原则。而原则可能被滥用。市场原则不是无规则的掠夺倾轧，而是透明、竞争、对人与自然的责任、公平以及建立社会安全保障体系。

创业意味着自主、独立、自我驱动。那么，也意味着固执己见吗？当然，但绝不是舍弃共识。我们的教育要培养孩子的团队精神，目的就是提醒人们，我们并非独自生活在地球上，我们要学会与他者共存，因此，我们要保护弱者、不歧视非主流人群、不倾轧他人、不追求超越于他人之上的权力。对待自然也要同样如此，包括自然界所有的生命和资源，它们在这个星球上饱受掠夺，亟待休养生息。美德会带来回报：那些承担起社会与环境责任的企业，非但不会被市场抛弃,反而会成为市场的领头羊。这点,我们同样可以告诉孩子。

赚钱并不罪恶，钱可以为自己和他人带来好处。一个人如果很早就摆脱了享受他人照料或补贴的心态，那必定会不喜欢依附于他人生存。因此，虽然消费社会如陀螺一般越转越快，那些自己挣到钱的人也不一定会成为欲望的奴仆。理性、节约地利用有限资源本就是创业行为的题中之义，而过上并教育孩子过上理智而朴素的生活意味着，宁可买一个最优的产品，也不要不断去买许多二流的产品，这也意味着不会仅仅为了追求时髦，便越来越频繁地想要购买新的产品。生活质量的提高不是通过囤积越来越多的高科技产品实现的，而是表现在另一些方面，例如，享有更多的自由时间，重拾邻里生活的乐趣，真诚地表达情感，能够从事艺术性的工作或独立创业，等等。

创业要趁早……

问题是，中欧地区对童年概念的建构，是否无意中低估了儿童获得技能与进行创业的潜能？

要想成巧工，就得练早功。在许多企业家的传记中，有一点非常引人注目：大部分敢于冒险跨出创业第一步的人，在童年时期就曾沉迷于某个想法，以至于发展出某种“怪癖”或是狂热的思考力。他们大多童年时就在自己生活的小宇宙中积累了创业的实战经验，也运营过小规模的生意。例如，闻名全球的品牌“美体小铺”（The Body Shop）的创始人安妮塔·罗迪克，小时候就卖过化妆品。戈特利布·杜特维勒是瑞士连锁零售巨头 Migros 的创建者，提供了 4 万多个工作岗位，而他在幼年时饲养过白鼠、荷兰猪和兔子，做过买卖这些小动物的生意。心理医生、企业家彼得·戈贝尔将这类狂热的想法称为“迷醉”状态，它可以使所做的工作变成极为愉悦的体验。具有奇思妙想的人正是社会所需要的，而这样的人，就是那些对创造与独立的渴求还未磨灭的儿童和少年。

分析企业家们的传记还证明了一点：他们中很多人在年少时期都很难适应学校教育，因为后者曾试图规训他们的“妄想”，或者有意打断他们想法的形成与实施过程。这么说来，教育者是企业家精神萌芽阶段的破坏者？我们无法准确衡量这种破坏的程度，但只要能将其减轻，也会大有裨益吧。

企业家精神

教育带来的灾难还表现在另一方面，即教育体制无法对大规模失业问题给出恰当且有力的答案。在未来，越来越明显的趋势是，当人们通过教育掌握企业家思维时，教育才有可能为其带来上升机会——说得更准确一点，是维持生存的机会。

这首先意味着，专职的教育者们也必须学习这一思维方式，并将其打造为成型的教育模式。将教育局限于获取职业技能或者幻想接受教育的人都能充分就业是远远不够的，教育者应当着力于企业家精神的培养，并且越早开始越好。直到今天，企业家精神往往被视为一种另类人格，我们应当纠正这种看法，应当使企业家精神成为基本的国民素质。

什么是企业家精神（Entrepreneurship）？这是一个从英美地区开始流行的词，在德语中无法找到完全对应的翻译。它是指产生创新和创业的想法，并在市场中实践它。

授之以渔，而非授之以鱼

在西方，二战后的数代人生活条件普遍优越，从小就被宠坏了。孩子们的愿望层出不穷，却往往被越来越迅速地满足——但这只是暂时的镇静剂。从发展心理学的角度来看，儿童由此失去了为实现自己的愿望而努力，以及面对琐碎的真实生活的能力。被惯坏的小孩难以应对糟糕的大环境。

中欧地区建构起“童年”这一概念，出发点是好的：废除童工剥削，保障儿童权益。但不利的一面在于，童年被刻意幼稚化，儿童受到过分保护，童年的延续时间过长，这使得孩子们越来越被隔离于真实生活之外。对于如今错综复杂的时代，我们不应再进一步“驯化”儿童，不应只将一些暂时性的镇静剂当作教育给予他们。

儿童具有掌控自我发展方向的可能性。成年人不应越俎代庖，而应理解、陪伴、帮助他们，应当尊重儿童的独立活动与创造冲动。

应当小心并持续地给予儿童挑战，以使他们变得更加强大。这意味着不要替他们解决问题，而应给他们机会寻找自己的道路，让他们拓展视野、深入查阅资料，在不断的研究、发现与实验中增强学习的能力。

附　录

【股份】

指占有公司的份额。如果你购买某个公司的份额，就是购买了公司的股份/股票。当公司盈利时，你也能获利，获利大小取决于你所占份额的大小:份额越大，收益越大;份额越小，收益越小。如果公司亏损，那么你手中股票的价值也会下跌。这时你可以选择不卖出股份而等待公司重新盈利。关于这一点，你最好读一读《投资俱乐部在行动》一章中特伦夫太太的解释。

【投资】

资金投资有两方面的含义：一方面，将钱存入银行或购买股票，通过利息或分红使钱生钱；另一方面，还可以购买任何可能升值的东西，比如艺术品、房地产、古董等。

【交易所】

人们为达成商业交易定期聚会的场所。交易所遵循市场原则撮合需求与供给，并按照官方最终确认的价格结算交易。在德国，联邦经济部长享有交易所的最高监管职权，交易所委员会辅助部长进行评估。详见《投资俱乐部在行动》一章。

【基金】

为某一特定目的而筹集的资金。详见《投资俱乐部在行动》一章。

【抵押】

简单而言，抵押是以财产来“背负债务”，是担保的一种形式。如果房子的所有人背负了债务，那么，他可以通过抵押房产为债务提供法律和财务上的担保，这样一来，他的房产就“背上了负债”了，而房屋所有权也会受到限制，如果出售房屋，债务人必须将合同中约定的收益连同本金优先偿付给抵押权人。

【通货膨胀】

即货币贬值，也就是 5 欧元在今天的购买力将强于十年以后。货币总是随着时间的推移而不断贬值。

【利息】

当你把资金借给银行，也就是说，把钱存入银行账户，银行会为此支付一定的金钱。例如，银行向你借款 3000 欧元，会按 3% 的标准利率支付利息，那么你每年就能得到 3000 欧元的 3%（即 90 欧元）。

【复利】

你可以和银行商定，每年末将得到的利息计入本金：按上文中的示例，你在第二年的本金便共有 3090 欧元（这是计算利息的新基准数，再下一年的利息当然会变得更多：3090 欧元的 3% 是 92.70 欧元）。如此循环下去，第三年的本金便是 3090+92.70=3182.70 欧元，而这笔资金又可在一年内获得 95.45 欧元的利息。

【收益率】

在计算器上计算收益的方法：输入本金金额，再乘以收益率的百分值。例如，3000×3，然后按“%”而非“=”号，就能得出 90。你也可以反过来用收益除以本金计算出收益率。